文旅融通
傳承創新

杭州市非物质文化遗产保护理论文集

赵弘中·主编

浙江工商大学出版社 | 杭州

图书在版编目(CIP)数据

文旅融通　传承创新：杭州市非物质文化遗产保护理论文集 / 赵弘中主编．— 杭州：浙江工商大学出版社，2020.3

ISBN 978-7-5178-3758-9

Ⅰ.①文…　Ⅱ.①赵…　Ⅲ.①非物质文化遗产－保护－杭州－文集　Ⅳ.①G127.551-53

中国版本图书馆CIP数据核字(2020)第021756号

文旅融通　传承创新
——杭州市非物质文化遗产保护理论文集
WENLV RONGTONG　CHUANCHENG CHUANGXIN
——HANGZHOUSHI FEIWUZHI WENHUA YICHAN BAOHU LILUN WENJI

赵弘中　主编

责任编辑　王黎明
责任校对　张春琴
封面设计　潘　洋
封面题字　唐全明
出版发行　浙江工商大学出版社
（杭州市教工路198号　邮政编码310012）
（E-mail：zjgsupress@163.com）
（网址：http://www.zjgsupress.com）
电话：0571-88904980，88831806（传真）
排　　版　杭州红羽文化创意有限公司
印　　刷　杭州高腾印务有限公司
开　　本　787 mm×1092 mm　1/16
印　　张　8.75
字　　数　134千
版 印 次　2020年3月第1版　2020年3月第1次印刷
书　　号　ISBN 978-7-5178-3758-9
定　　价　68.00元

浙江工商大学出版社营销部邮购电话　0571－88904970

本书编纂委员会

主　　编　赵弘中

副 主 编　张　莉　张利平

编　　委　（按姓氏笔画排列）

朱红芳　陈睿睿　唐全明　常怡君

执行主编　唐全明

文旅融合：
诗和远方结伴同行

王其全

养心莫若读书，至乐无如行路。中华民族自古以来就崇尚“读万卷书，行万里路”。文化与旅游相通相融，二者密不可分。

文化是旅游的灵魂，旅游是文化的重要载体。倡导文旅有机结合与深度融合，既是满足人民群众对美好生活向往需求的必然指向，也是促进文化和旅游事业健康持续发展的必由之路。在文化和旅游事业进入新时代的今天，如何更好地推动文化和旅游的深度融合与高质量发展，是值得我们深入探讨和思考的重要课题。

十九大报告提出，深入挖掘中华优秀传统文化蕴含的思想观念、人文精神、道德规范，结合时代要求继承创新，让中华文化展现出永久魅力和时代风采。文化成为旅游的核心资源，旅游成为文化发力的重要领域。按照高质量发展的要求，以文化提升旅游内涵，以旅游彰显地域文化，整合特色文化资源要素，挖掘特色文化内涵，全面提升旅游品质，着力构建全域旅游新格局，促进经济社会的繁荣与发展。

2003年，时任浙江省委书记的习近平同志亲自调研、亲自部署、亲自推动，启动实施“千村示范、万村整治”工程。浙江省委和省政府始终践行习近平总书记“绿水青山就是金山银山”的重要理念，一以贯之地推动实施“千万工程”，村容村貌发生巨大变化。浙江各地着力培育特色文化村，形成“一村一品、一村一景、一村一韵”的个性特色。浙江大地业已成为美丽大花园，为浙江文化与旅游融合发展创造了有利条件，奠定了扎实基础。

2019年，习近平总书记做出重要批示："浙江'千村示范、万村整治'工程起步早、方向准、成效好，不仅对全国有示范作用，在国际上也得到认可。要深入总结经验，指导督促各地朝着既定目标，持续发力，久久为功，不断谱写美丽中国建设的新篇章。"中共中央办公厅、国务院办公厅转发了《中央农办、农业农村部、国家发展改革委关于深入学习浙江"千村示范、万村整治"工程经验扎实推进农村人居环境整治工作的报告》。重要指示精神为文化与旅游融合发展提供了理论指引和行动方向。

美丽中国离不开美丽乡村，美丽乡村离不开美丽非遗；乡村振兴离不开传统文化先行。非物质文化遗产是中华民族传统文化的瑰宝，对中华民族精神的构建有着潜移默化的作用。非物质文化遗产保护要贯彻落实创造性转化、创新性发展，并在乡村振兴中有所作为，旅游和文化的有机结合与深度融合，是一条行之有效的途径。挖掘、传承和彰显地方文化特质，塑造多元融合文化生态，为经济社会发展注入精神力量。浙江先行先试，2014年9月，当时的浙江省文化厅与浙江省旅游局共同签署了《关于促进文化与旅游融合发展的框架协议》。这是浙江实施"旅游＋文化"的可贵探索与实践。

非物质文化遗产保护的显著特点是共享。非物质文化遗产融入现代生活，实现文化惠民、文化富民，既是出发点，也是落脚点。立足人文特质，突显品质特点，挖掘地方特色，彰显时代特征，推动文化遗产资源转化为城市乡村旅游资源，发展文化旅游事业，不断满足人民群众对美好生活的向往。

今年，浙江省推进新时代非遗保护工作创新发展会议在温州召开。会议强调，要进一步理清工作思路，切实推进新时代浙江非遗工作的创新和发展。我们不仅要站在学术研究的角度，更要站在新时代和经济社会发展的高度，来研究和探讨文化和旅游的深度融合与高质量发展。结合美丽乡村建设，结合非遗旅游特色小镇建设，结合农业生态文明，结合江南水乡文化、大运河文化与海洋文化，"后G20"、"前亚运"文化现象等研究。杭州在这方面有着诸多资源和优势，杭州理应走在全省甚至全国的前列。

文旅融通，诗和远方结伴同行；传承创新，你我共同努力。

2019年12月

融文通旅

目录

创新保护模式　激发传承活力

——杭州市开启“互联网＋非遗”非遗保护新模式

杭州历史悠久、人文荟萃、百工兴盛，非物质文化遗产资源丰富。早在五千多年前的良渚文化时期，民间艺术就与原始先民的生活密不可分，从良渚的玉琮到张小泉的剪刀，从南宋的官窑到王星记的扇子，无不展现出江南的精致品质和独特魅力。然而，面对当今现代文明和全球化趋势的冲击，传统工艺依靠传统作坊式的管理模式已经不适应当今的时代要求。杭州众多传统技艺类非遗项目中，多是以工作室和小手工艺作坊方式运营着，商业转化率非常低。从市场需求的多样化来看，如何让非遗能够真正融入现代生活，激发其活力和生命力，一直是我们深思并为之努力探索的目标。

近年来，在杭州市委、市政府的高度重视下，杭州市认真贯彻落实《非物质文化遗产法》，多措并举拓展保护载体，强化传承弘扬，促进社会共享，有效推动了非遗的传承、保护与发展。随着非遗保护工作的不断深入，社会参与的热情不断提高，非遗逐渐成为社会关注的热点。同时，结合互联网等新技术、新媒介的发展，创新非遗保护传承的内容和形式也成为顺应时代发展的必然要求。2017年，杭州市启动了国家文化消费试点城市创建工作，目标是将杭州建设成为“全国数字经济第一城”。在此契机下，杭州市的非遗保护工作借助“文化消费”的东风，顺势而为，开启了“互联网＋非遗”跨界融合的保护新模式，搭载当下流行的网络平台，力图在传统工艺产业广泛播种互联网基因，使传统工艺从传统营销向网络营销转变，全力推动非遗传统技艺向产业化发展。

一、创新“非遗＋互联网”保护模式举措

❶ 依托线上网络平台，促进生产消费

互联网等新技术、新媒介日新月异，目前，杭州市正利用三类主流电子商务平台，将数量庞大的网购一族培育成非遗产品的消费者，更好地拓宽非遗产品的销售渠道。

一类电商平台——淘宝网。淘宝网是目前我国深受欢迎的网购零售平台，拥有近5亿的注册用户，是杭州知名的本土企业。通过在淘宝网上搭建线上销售平台，推出杭州非遗“108匠”线上推广专区，将杭州市可供销售的非遗项目放入淘宝网中进行分类销售。第一种是有淘宝店铺的非遗项目，通过“文化消费季”活动在淘宝网首页进行专题宣传并引流进入其店铺的方式销售，目前杭州市已有58项非遗项目拥有淘宝店铺（含天猫店）销售平台。

“非遗＋互联网”一周年杭州市非遗项目网络平台销售额前十名

序　号	级　别	项目名称	年平均销售额
1	省　级	杭州知味观传统点心制作技艺	1.928亿元
2	国家级	张小泉剪刀锻制技艺	1.4325亿元
3	国家级	铜雕技艺	7443万元
4	省　级	中泰竹笛制作技艺	7000万元
5	国家级	方回春堂传统膏方制作技艺	2125万元
6	省　级	桐君中药文化	2000万元
7	市　级	杭绸织造技艺	2000万元
8	省　级	楼外楼传统菜肴制作技艺	1600万元
9	省　级	严东关五加皮酿酒技艺	1500万元
10	国家级	制扇技艺（王星记扇）	1000万元

通过宣传引流，有些淘宝店铺的非遗项目浏览量迅速增加，销售额也大幅度增加。

第二种是无店铺的小众型非遗项目，这种集中在淘宝商城集合店销售，解决了销售渠道薄弱的非遗项目经营问题。目前，24项无销售渠道的杭州市非遗项目，已通过淘宝商城进行集中销售，其中十余项非遗项目在乡村振兴专栏中销售。据统计，截至2018年底，淘宝商城集合店有关非遗产品的销售总额为104.26万元。

第三种是无法销售且基础薄弱的非遗项目，通过引进创意设计，帮助其市场开发销售。目前，杭州市正组织拿吧网络科技非遗平台对八都麻绣、合村绣花鞋、钟山石雕等十余项非遗项目进行产品的开发、设计、推广等工作。

二类电商平台——微信商城。“有赞微信商城”汇集并甄选优质的非遗产品，在微信上搭建商城，按吃喝玩乐板块分区，线上销售杭州市非遗项目产品，同时不定期举办团购活动。如清明节期间，在平台推出团购知味观的清明团子的活动，两天共计销售2000余组，共计销售杭州酱鸭700余只。

三类电商平台——艺术品交易平台。微拍堂“有匠”拍卖平台是网上一家艺术品交易平台，汇集了西泠印社、张小泉剪刀、朱炳仁铜雕、鸡血石雕等非遗产品。杭州市通过微拍堂“有匠”拍卖平台，汇集有潜力的非遗项目传人，通过拍摄宣传片、照片等方式，将其制作的非遗产品在互联网上宣传，消费者可在微拍堂购买，利用市场化运作，以吸引更多的年轻传人加入非遗传承的队伍中。截至2019年初的数据统计显示，在微拍堂“有匠”拍卖平台上，杭州市非遗项目产品的年销售额达到4000多万元。

通过网络电商平台对杭州市非遗项目进行推广，不仅提升了非遗产品的影响力，也拓展和激发了市场的销售渠道和潜力，原本销量较小的非遗项目，通过互联网的助推，销售额大幅度增加。根据网络电商平台的销售情况，杭州市“非遗＋互联网”工作开展一周年以来，对非遗产品的销售增长率进行了统计，具体排名见下表：

"非遗+互联网"一周年杭州市非遗项目网络平台销售额增长率前五名排名

（销售额统计截至2018年12月）

序　号	级　别	项目名称	2017年销售额	2018年销售额	增长率
1	区　级	萧山青梅酒酿制技艺	10万元	56万元	460%
2	国家级	竹纸制作技艺（富阳）	70万元	350万元	400%
3	省　级	天竺筷制作技艺	20万元	100万元	400%
4	省　级	三家村藕粉制作技艺	300万元	1000万元	230%
5	国家级	制扇技艺（王星记扇）	400万元	880万元	120%

❷ 依托线下销售平台，引流消费人群

2018年，杭州市以打造文化消费为主体的新零售场景为契机，通过在旅游景点、大型酒店、公共点位（博物馆、图书馆等）、大型CBD综合体、政府行政办公场所和交通节点（集散中心、地铁站、火车站、机场等），如宋城景区、杭州图书馆、浙江饭店、西湖风景区、阿里巴巴总部等各大场景设置"文化诚信消费体验柜"，售卖以非遗产品为核心的优质文化消费商品。以影像视频、实物展示等方式，面向更广大受众宣传优质非遗内容和商品，打通线上商城服务和线下实物体验，以手机扫码、先取后付的信用消费方式，建立安全的线上商城服务和消费保护。通过对线下"文化诚信消费体验柜"的展示，将消费者引流到线上店铺，推广更多的非遗产品。截至2019年6月底，完成投放设备70余组，销售商品总数20453件（套）。

杭州市2019年"文化和自然遗产日"非遗系列活动启动仪式暨"非遗互联网+"周年展

❸ 依托新媒体宣传平台，助推非遗传播赋能

互联网技术和新媒体形式已经成为非遗传播的重要载体。怎样巧妙借助新媒体为非物质文化遗产的传播与传承赋能，如何以年轻网民喜闻乐见的方式走

近、吸引甚至感染网民，带“活”非遗，2019年4月，“抖音”以杭州作为起点，正式宣布推出“非遗合伙人”计划，通过加强流量扶持、提高变现能力、打造非遗开放平台及开展城市合作等方式，全方位助力非遗传播，增进年轻一代对非物质文化遗产的了解，并激发他们的好奇心，以帮助发掘非遗的文化和市场价值。目前，杭州市的省级非遗项目富阳纸伞制作技艺的市级传承人闻士善参与了“非遗合伙人”计划，在“抖音”注册账号“闻叔的伞”，并发布富阳纸伞制作技艺的相关短视频85条，已收获60余万粉丝，463万的点赞量，在“抖音”平台的非遗类相关视频中排名首位。非遗在“抖音”上展现出新的活力，呈现出丰富多彩又极具生命力的新姿态。

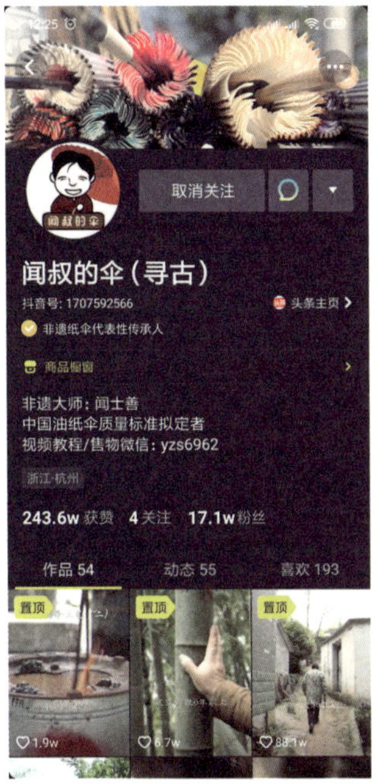

闻叔的伞

❹ 搭建展陈体验平台，全方位展示非遗

为了让更多的杭州非遗项目全面地展示在社会公众面前，让社会公众零距离接触非遗，打通线上线下的消费渠道，激发消费者的购买需求，真正做到让非遗“见人见物见生活”，提高和增强大众对“非遗＋互联网”的认识和信任。2018年6月13日，举办“互联网＋杭州市传统手工技艺展”活动，鼓励全民参与体验传统非遗技艺，突出非遗在满足人民日益增长的美好生活需要方面的作用。11月7日，举办“非遗互联网＋线下推广”——武林市集活动，进行“线上推广、线下买卖，线下体验、线上销售，线上线下共同推进”的非遗传统工艺新零售的一次有益尝试。12月29日，举办“传统的节　老底子的味”——杭州非遗武林年货节活

举办武林市集活动

动，借此提升非遗产品的影响力，拓展销路，进一步促进非遗的保护和传播，使其融入现代生活。2019年6月8日，举办杭州市2019年“文化和自然遗产日”非遗系列活动启动仪式暨“非遗互联网+”周年展，70余个非遗项目和10余家文创企业参展，在非遗集市开展的4个多小时中，销售额达16万余元。

二、实施“非遗+互联网”保护模式面临的问题

❶ 鱼龙混杂，质量参差不齐

当下“互联网+”风潮兴起，非物质文化遗产也越来越受社会关注，互联网技术的不断进步给文化创新提供了无限可能性。因此，这也容易造成在互联网上展示销售的非遗产品质量参差不齐，甚至许多不法网商滥用非遗概念，给质次价高、名不副实的产品打上非遗标签，利用网民的文化情怀获取利益，这对非遗的传承与保护非常不利。

❷ 产业单一，消费群体局限

当前，杭州的非遗项目普遍存在产品过于单一的问题，这与非遗具有传统性，且以手工艺为主的特性不无关系。且非遗产品普遍依靠作坊式的管理模式，与当代的商业开发模式脱节。因此在市面上销售的产品过于单一，难以吸引更多的消费群体，也难以进入消费生活，随着时间的推移也将慢慢脱离人们的视野。

❸ 审美脱节，产品设计老化

由于非遗的许多项目在产品开发上模式过于简单，且从目前杭州非遗传承群体来看，传承人群的审美修养和知识结构方面存在明显短板，在设计水平和造型表现上缺乏介入当下生活的能力，虽然在较小范围有一批受众，但多为边缘群体，进不了主流商业空间，市场更加青睐那些能给主流人群带来更好消费体验的产品。如何抓住年轻一代群体的心理和消费习惯，值得进一步思考。

三、下一步打造文旅融合发展体系，升级“互联网＋非遗”2.0创新模式

文旅融合为非遗项目的发展创新带来了新机遇，也让非遗重新焕发活力，下一步，杭州市将通过与旅游的融合，努力打造形成经认证、宣传、体验、销售为一体的四维产业体系，多维度、全方位提升“互联网＋非遗”的保护创新模式。

❶ 完善非遗认证体系

为了打造出富有当地特色，能传递当地风情、展现当地历史人文的特色非遗旅游产品，由文化部门、具有公信力的互联网企业、非遗传承人等联手打造了规范化的非遗网络认证体系。一是严控申请门槛。认证系统只针对非遗代表性传承人和项目保护单位开放，以改善当前非遗旅游产品市场鱼龙混杂、良莠不齐的局面。二是实行防伪辨别。开通专门的非遗产品认证网站，便于查询非遗特色产品的真伪，同时也可在网站上深入了解非遗产品背后的独特技艺和历史文化，提高具有杭州特色的非遗旅游产品的辨识度。三是严格执行退出机制。联合市场、卫生等监督部门加强执法检查，提升消费者对具有杭州特色的非遗旅游产品的信任度，不断拓展非遗产品的消费市场。

❷ 拓宽媒体宣传模式

充分运用杭州“数字第一城”的地域优势，寻找与新兴媒体、设计公司等的合作机会，提升非遗产品创意，使原本以新闻为媒介的传统宣传模式向互联网多平台的新媒体宣传方式转变。目前，杭州市将与运维公司进行合作，集合更多非遗项目为其拍摄短视频并在“抖音”等新型网络平台播放，以获取更多关注度。下一步，将针对杭州市的多位国家级、省级非遗代表性传承人，如中式服装制作技艺国家级代表性传承人包文其、制扇技艺国家级代表性传承人孙亚青、鸡血石雕国家级代表性传承人钱高潮、越窑青瓷烧制技艺国家级代表性传承人嵇锡贵、绿茶制作技艺省级非遗代表性传承人樊生华等入驻“抖音”。此外，杭州市已通过与拿吧网络科技有限公司、自然造物设计公司进行项目产品设计对接，在桐庐、淳安分别举办了非遗项目的产品研发设计现场会议。今后，

杭州市将继续挖掘具有市场潜力的非遗项目及代表性传承人，让非遗开启“自我造血”功能，探索出“杭州非遗保护新模式”。

3 创造深度体验模式

非遗的传承与保护需要社会的广泛参与，才能真正融入现代人的生活。杭州市将通过文旅融合，建立各类非遗体验点及文化旅游路线。这正是公众观察非遗的一扇窗，是传承人开展普及教育的阵地，也是公众体验非遗的平台。

“武林拾遗”杭州非物质文化遗产之旅：将杭州的非遗项目与旅游线路有机融合，推出“武林拾遗”非遗旅游手册，通过人间至味、传承技艺、民艺传说、中医养生、民俗节庆五大板块，为市民详细介绍非遗特色项目、体验点等，供市民寻访杭城的非遗之根，真正做到让非遗看得见、摸得着、带得走。

城市记忆工坊：杭州市正推出两家“城市记忆工坊”，以“学习传统技艺、体验精彩文化”为主题，整合包括金石篆刻、浙派古琴、杭州织锦技艺、制扇技艺（王星记扇）、杭州小热昏、中国传统桑蚕丝织技艺、胡庆余堂中药文化等在内的十余项涵盖国家级、省级的非遗项目，下一步将通过设置体验课程，形成“名师名课名项目”的展示体验体系，不仅为杭城百姓，也为国内外游客创造了解杭州、展示杭州的文化体验基地，输出杭州记忆。

国际旅游访问点：杭州作为全球旅游最佳实践样本城市，在全国率先推出了国际旅游访问点，向国际游客全面展现“杭州生活”。目前，杭州已出炉42个标杆社会资源国际旅游访问点，其中涉及金石篆刻、浙派古琴、南宋官窑瓷制作工艺、张氏中医骨伤医术等的十项非遗项目的保护单位或展示场所均成为国际旅游访问点。下一步，杭州将继续发展更多适合国际游客的非遗访问点，提升向世界传播杭州传统文化的影响力。

4 延伸多元销售模式

目前，众多非遗项目均面临着产品结构单一、销售渠道不够通畅、品牌意识模糊等问题。为改变当前局面，除了坚守传统工艺流程，杭州市充分利用阿里巴巴、杭州旅游城市大脑等提供的大数据，对产品进行精细化生产，面向销售人群，进行精准化销售。通过延伸产业链条，对非遗产品的销售模式进行转型升级，以此实现业务销售的多元化。

一是面向旅游消费人群，整合非遗产品。下一步，杭州市将整合可供销售且独具代表性的非遗产品，开发杭州非遗旅游系列产品，如杭州印象、杭州的茶、杭州的酒、杭州桂花系列、杭州三绝、杭州小食等，杭州市将统一认证“杭州非遗标志”。每个区、县（市）也可整合具有当地特色的非遗项目，开发单独认证标志，比如上城非遗、桐庐非遗等，让消费者获取对优质非遗产品和文化的辨识途径，同时也为非遗产品的营销、传播等提供品牌化平台支撑，以防止出现鱼龙混杂、质量参差不齐的现象。同时，杭州市还将继续推动“文化诚信消费体验柜”的布局设置，深入杭城各区、县（市），整合线上线下资源，努力打造杭州非遗“O2O”销售新模式。

文化诚信消费体验柜

二是面向互联网消费人群，拓展非遗产品。杭州市正在尝试性地拓展非遗产品，如将非遗产品设计成“体验包”模式，让更多百姓在了解非遗项目的同时，通过购买“体验包”并扫取包中二维码，直接在网络上观看教学视频，足不出户就能够亲身体验非遗项目。目前，西湖绸伞、富文麦秆扇等非遗项目均将产品制作成半成品“体验包”进行售卖，不仅扩大了受众人群，也拓展了非遗产品的销售渠道。

三是面向高消费人群，定制非遗产品。利用非遗传统的核心技艺，针对特定人群，定制高端非遗产品，除了展现非遗项目的核心价值外，也提升了非遗产品的附加值。目前，杭州市的西子女红技艺正与杭州大厦合作，为其高端客户推出高级限量成衣定制服务，通过复刻传统旗袍、儿童服饰等，再现传统女红技艺。此外，杭州市也将与万达集团进行深度合作，针对其高端优质客户，挑选一批非遗项目，专门定制成非遗礼品盒。杭州市正是通过开展一系列非遗保护工作，逐步转变传统的非遗保护模式，开启更为多元的传承新思路。

（作者：杭州市非物质文化遗产保护中心）

深化非遗保护传承 探索上城“非遗＋”创新模式

浙江省委、省政府全面实施“文化浙江”建设战略，杭州市委十二届四次全会提出要“全面推进文化兴盛行动”，杭州市上城区第十次党代会提出打造“文化传承标杆区”。全区上下高度重视传承与弘扬中华优秀传统文化，提高文化自觉，增强文化自信，让广大群众有更多的获得感、更高的满意度。

习近平总书记指出：“中国人民的特质、禀赋不仅铸就了绵延几千年发展至今的中华文明，而且深刻影响着当代中国发展进步，深刻影响着当代中国人的精神世界。”作为中华传统文化有机组成部分的非物质文化遗产，在城市建设与发展进程中，发挥着铸魂育人、引领风尚、惠民乐民、提升品质等重要功能。

“忆·南宋”文化雅集——点茶

“忆·南宋”文化雅集——杭州知味观传统点心制作技艺

上城区立足于辖区文化遗产底蕴深厚的区情，积极主动地把非物质文化遗产保护工作融入杭州发展大格局，提供文化资源，促进共享，促进非遗事业大发展，有力助推上城区文化传承标杆区建设。

一、非物质文化遗产保护工作基本情况

上城区地处原吴越王宫、南宋皇城所在区域，是吴越文化、南宋文化的主要承载区。上城区文渊悠久，文脉深广，文气充沛，也是杭州传统文化的主要传承地。区域范围内非遗项目星罗棋布，可以说，处处有故事，遍地是非遗。

在上级文化主管部门和区委、区政府的关心指导下，上城区初步建立较为完整的国家和省、市、区四级名录保护体系和传承体系。在新时代非遗保护工作中，针对上城区非遗种类庞杂的特点，采取分类指导保护的措施：针对一些非遗项目与现实隔离的现状，着力推动其融入群众日常生活；针对非遗传承人在当下环境中的生存困境，出台优惠扶持政策，搭建产业平台，激发生产销售活力。推进“非遗＋挖掘（Excavate）”“非遗＋教育（Education）”“非遗＋经济（Economic）”三位一体非遗传承保护新模式，挖掘非遗项目资源，推动非遗普及提升，促进非遗持续发展，走出非遗传承保护的新路子，使优秀传统文化真正“活起来”，更好地“传下去”。

二、“一（E）步非遗”：上城区探索“非遗＋”模式深化非遗传承保护

积极探索和实施“非遗＋”工作创新模式，有力地推动和促进非遗保护事业的健康发展，取得良好的社会效益和经济效益。具体体现在：

非遗保护工作成效显著，区域文化特色得到进一步彰显。非遗保护政策措施得到进一步落实与保障。四级名录体系和代表性传承人保护机制得到进一步健全与完善。传承和保护载体得到进一步巩固与加强。传统节日节庆活动得到进一步恢复与弘扬。非遗保护成果保持领先优势并逐步实现社会共享，有力地助推上城区“文化传承标杆区”建设。

创造性地开展“非遗＋”三位一体传承保护新模式，形成非遗创新保护工作示范效应。非遗保护与文明传承相辅相成，非遗合理利用与大众文化消费引领相融相促的新路子，成为非遗保护、传承、利用与发展的一大亮点。

文化旅游得到很好融合，文化产业活力得到进一步激发，对经济社会发展起到积极的推动和促进作用。通过实施非遗生产性保护措施，不少企业实现了社会效益和经济效益的双丰收。

❶ “一（E）步非遗”工作模式理念

“非遗＋挖掘（Excavate）”“非遗＋教育（Education）”“非遗＋经济（Economic）”。

1. 一步之遥——非遗是身边的传统文化，与群众生活息息相关。

2. 两大理念——创造性转化与创新性发展，见人见物见生活。

3. 三个维度——“非遗＋E”：从回望过去、立足当下、面向未来三个维度开展非遗传承与保护工作。

❷ “一（E）步非遗”工作主要内容及成效

以习近平新时代中国特色社会主义思想和十九大精神为指导，弘扬社会主义核心价值观，以“科学保护、提高能力、弘扬价值、发展振兴”为主要任务，围绕上城区提出的建设具有国际水准“文化传承标杆区”的奋斗目标，进一步认识非遗保护传承与发展的重要性与紧迫性，扎实推进上城区非物质文化遗产传承、保护与发展工作，进一步完善非物质文化遗产传承体系，加强传承实践，提升传承能力，保护传承环境。上城区非遗保护工作得到上级领导的重视和媒体的关注。陈红英副市长批示并充分肯定《上城区以南宋皇城小镇建设推进非遗传承与保护工作》的做法。《中国文化报》报道肯定“非遗＋”保护工作模式。“振兴传统工艺——中央媒体浙江行”关注并报道上城区非遗保护工作。

（1）围绕“非遗＋挖掘”，有效保护并合理开发利用优秀文化遗产资源，充分展示区域文化个性特色，非遗保护工作继续走在前列。

搭建平台，实施非遗保护和研究工程。加强与中国美术学院、杭州师范大学、杭州市城市学研究会、政协文史委员会、档案局等院校社团机构的合作，积极搭建非遗研究与传播的有效平台，通过挖掘资源、整理档案、编辑书籍、征集实物等，建立“上城区非遗资料库”“上城区非遗数据库”。结合浙江四条“诗路”打造，构筑“一圈三带多点”文化空间布局，促进上城区非遗保护工作的有效开展。“一圈”是指环西湖文化圈；“三带”是指钱塘江流域（上城段）文化带、中河文化带、东河文化带；“多点”是指将江、河、溪、井中存在的非遗节点串点成面。定期举办各类美丽上城、美丽非遗的活动。

强化机构建设与政策保障。成立由区领导挂帅的非遗保护利用工作领导小组；设立“非遗保护中心”专门机构，还接连推出打造城市基层党建综合体、全方位布局城市基层党建等一系列行业党建＋区域党建的示范项目，将辖区内行业和区域党建进行融合发展。2019年制定出台《关于印发进一步加强非物质文化遗产保护和扶持工作若干意见的通知》等一系列政策文件，实施“八个一”保护措施（每个保护项目都有一个保护方案、一个专家指导组、一个工作班子、一个传承基地、一个展示平台、一套完备档案、一册普及读本、一项配套政策），形成非遗保护工作的制度化、规范化和多元化体系。

优化项目名录体系与传承保护体系。目前，各级非遗保护名录共有105项，基本形成涵盖非遗各个门类的项目保护体系和传承人保护体系。其中，国家级非遗项目4项，国家级非遗代表性传承人4名；省级以上非遗项目19项，省级非遗代表性传承人15名，省级及市级以上非遗代表作名录总数为主城区第一、全杭州第二。

深化各类非遗保护载体建设。拥有各级非遗生产性保护基地、研究基地、宣传展示基地等22个。其中：国家级非遗生产性保护示范基地（金星铜集团有限公司）1个；省级非遗宣传展示基地（曲艺）1个；市级非遗生产性保护示范基地1个，市级非遗传统节日保护基地1个，市级非遗宣传展示基地3个。这为非物质文化遗产的宣传、展示和活态传承奠定了良好的基础。

（2）围绕“非遗＋教育”，逐步建立全民非遗教育体系，探索非遗教育规律，有效发挥以文化人和社会美育功能作用。

讲好“上城故事”，促进文化交流。深入持续开展非物质文化遗产进校园、进社区、进礼堂、进企业、进景区（点）的“非遗五进”活动。积极探索研学游、体验游、休闲游、民俗游、购物游、展会游等新方式。有计划、有步骤地开展上城区非遗体验点建设，增强吸引力，提高非遗的可见度、美誉度和影响力。以杭州梁祝爱情故事为文化交流切入点，复建梁山伯与祝英台初会草桥亭，用铜雕技艺制作梁祝铜像，系统展示梁祝文化。进一步挖掘和发挥历史文化资源优势，不断拓展新领域，促进文化交流，展示上城、杭州和浙江形象，弘扬中华优秀传统文化。利用旅游、宣传等传播途径，把一个区域、一座城市、一个街道社区甚至一条小巷或一座老墙门的特色历史文化内涵，转化成全国乃至全世界人民的共享资源。

非遗进社区。《关于实施中华优秀传统文化传承发展工程的意见》发布，上城区把非遗教育宣传工作纳入全区终身教育范畴，让百姓“乐享非遗”。连续6年开展活动，实现“非遗进社区”全覆盖。开展群众喜闻乐见、参与体验性强的非遗宣传展示活动，针对不同受众群体开展全域化、体验式的非遗保护宣传教育活动，形成人人参与传承优秀传统文化的生动局面，实现以文化人、铸魂育人的目标，增强文化自信。

非遗进校园。结合教育系统“三点半”乐园、假日学校，打造传统文化活动品牌，让学生“乐学非遗”。组织非遗传承人进校园，开展非遗体验活动，每年暑假社区组织开展“小小非遗传承人”等活动，累计参与人数近万。两批共四所非遗特色学校（饮马井小学微型风筝、惠兴中学浙派古琴、时代小学胡庆余堂中药文化、服装职高杭州刺绣）通过验收并正式命名。

非遗进课堂。开发校本课程，让大众“乐知非遗”。紫阳小学推出“南宋茶文化”校本课程，分层分 级开展茶文化体验教育活动；“素秀彩绣”进惠兴中学课

2019文化和自然遗产日活动进学校

程；“萧山过江布”进社区学院课程；等等。

（3）围绕“非遗＋经济”，将非遗精神融入时代发展实践，为传统工艺振兴和经济社会发展带来更多助力。

文旅融合，提升非遗在经济社会发展中的地位。以人民对美好生活的向往为引导，遵循“宜融则融，能融尽融，以文促旅，以旅彰文”的工作原则，增强非遗与社会的融合力。依托南宋皇城小镇、历史文化特色街区，着力培育和打造一批具有鲜明地域文化特色的非遗品牌，进一步增强非遗项目的文化辐射力，拓展市场空间，扩大非遗影响力和市场份额，提升非遗在经济社会发展中的地位。推动非遗在当代生活中实现创造性转化与创新性发展，促进文化旅游深度融合。举办上城文旅衍生品设计赛，开发具有地域特色、非遗元素的文旅系列产品，举办文旅融合的非遗主题展，增强非遗魅力，激发文旅活力。加大对与非遗相关人员的培训，重点开展对非遗代表性传承人及景区管理者、导游和经营者等相关人员的培训，不断提升自身修养与文化定力。在非遗传承、保护与发展中，出台扶持政策，搭建产业平台，激发非遗创造和创新活力。

非遗融入生产。落实浙江省《关于贯彻落实中国传统工艺振兴计划实施意见》，助力非遗生产性保护。出台产业扶持政策，对辖区急需保护的非遗项目保护企业和代表性传承人分别给予20%—50%不等的租金优惠，最高额度每年50万元。重点扶持纳入文化创意产业的非遗项目。依托全国“文化和自然遗产日”、西博会、吴山庙会、全国民间艺人节等活动平台，每年组织开展“上城非遗大观园”“上城非遗博览会”等传统技艺展示展演、产品展销等宣传体验活动，让历史留下的宝贵财富在新时代焕发勃勃生机。上城区有1个项目（铜雕技艺）被列入国家振兴项目，3个项目（铜雕技艺、杭州刺绣、中式服装制作技艺（振兴祥中式服装制作技艺）被列入省级振兴项目。多个项目参与重大工程项目，杭州铜雕装饰G20峰会主会场，并与北京故宫博物院合作开发设计150多件故宫系列文创产品。振兴祥中式服装制作技艺在市区开设门市部，作品多次获奖。多名传承人被评为“浙江工匠”“杭州工匠”。

非遗融入生活。着力推动非遗走进百姓日常生活。结合时令节气和传统节日，开展内容丰富、形式多样的展示展演活动。不断扩大非遗受众，增强非遗传承活力，用活态传承的方式，让非遗展示于公共开放领域，融入大众生活。区非遗项目南宋点茶开设南宋茶文化体验馆，仅一个月就吸引5000余人体验，成为又一个“雅文化”符号。胡庆余堂、方回春堂等连续17年开展腊八粥免费发放活动，国内外游客排长队领取腊八粥已成为杭州一道地标性风景线。杭州铜雕馆和胡庆余堂每年接待市民和中外游客800多万人次。

非遗融入生态。激发非遗创新活力，融入特色小镇建设，营造良好的文化产业生态环境。南宋皇城小镇、五柳巷特色中医街区、凤凰御苑等区域成为以非遗、文创企业为亮点特色的文化产业集聚区。杭州铜雕作品“五牛”在故宫广场向公众开放展示。

③“一（E）步非遗”工作特色亮点

展示成果，致力实现全社会共享非遗。依托上城区文化底蕴丰厚的非遗资源优势，围绕打造“非遗创新的新品牌、产业升级的新平台、文化提升的新典型、民俗艺术的新场馆”的要求，高标准筹建位于打铜巷约1000平方米的区级非遗展示馆；重视传统戏曲和曲艺的研究与保护。打造一系列具有江南特色、非遗内涵、南宋魅力、杭州韵味的高端文化旅游产品。形成集非遗展示、互动体验、名家讲坛、设计交流、非遗产品销售于一体的全区非遗保护大格局。

（1）创新工作方法。

南宋文化，是上城最具差异性的城市“DNA”。上城区结合本区人文历史、地域特色、人员知识结构、人口密集等特点，展示辖区各级非遗代表性项目，把默默无闻的传承人进行艺术包装，从幕后转向台前，展现了传承人的文化素养和大国工匠精神，也具象性地再现了上城的优秀传统文化。原创推出系列“雅集品牌”：“忆·南宋”文化雅集、吴山雅集、雅文化之“宋”系列、“指尖上的上城”、源自880年前的游与艺集等特色活动，展示了上城区多年以来文化传承的成果，给人以极大的震撼和美的享受，探索出了一条非遗文化保护与当地传统文化传承、大众文化消费引领相融相促的道路，成为全省非遗文化传承领域的一大新亮点。

源自880年前的游与艺——南宋文化传承体验展

（2）创新激励机制。

2017年率先设立“非遗进校园”专项经费。认定非遗特色校园，一次性奖励5万元。2019年加大扶持力度，一次性给予10万—20万元的建设扶持经费，并每年予以3万—5万元的传承教学补贴。对于非遗责任保护单位租赁区属国有房产作为非物质文化遗产项目经营场地的，租金按照其非遗级别，分别给予相应的扶持与租金补助。

（3）创新传播手段。

充分利用现代传播媒介技术，推进文旅深度融合。在非遗保护责任单位设立二维码，联合萧山国际机场国际窗口平台推出以“南宋有约”为主题的文化长廊，结合“数字南宋”城市大脑，讲好“上城故事”，融入“南宋150经典文化旅游线路”“走读清波文化深度游线路”“醉湖滨”等，在文旅融合的背景下，结合上城文化街巷打造、上城文化旅游线路开发推出非遗研学之旅旅游品牌，打造全域非遗旅游新模式。

上城区非遗保护相关部门为把杭州建设成独特韵味、别样精彩的世界名城贡献上城力量、打造上城样本。

（作者：孙岚）

文旅融合背景下非物质文化遗产都市传承路径探究

——以中心城区杭州市下城区非物质文化遗产传承保护为例

下城区地处杭州市中心城区，历史悠久，人文荟萃，自古就是商贾繁盛之地，深厚的历史文化底蕴积淀出了许多珍贵的非物质文化遗产。近年来，下城区着力于中心城区非物质文化遗产传承保护与改革创新，围绕区委、区政府关于“高质量发展，高品质生活，纵深推进全域中央商务区建设，奋力打造世界名城一流核心城区”的新目标，以文旅融合为契机，始终坚持“鲜活+精致，见人见物见生活”的都市市井间非遗传习保护的特色，创新中心城区非物质文化遗产保护机制，通过六个“非遗+”（非遗+社区体验、非遗+扶贫走亲、非遗+旅游发展、非遗+文化创意、非遗+对外交流、非遗+校内外传承）载体，不断提升都市中传统文化的

2019年下城区“文化和自然遗产日”活动启动仪式

影响力和魅力，实现非遗的科学保护、有机开发、与时俱进、创新发展，探索出了一条中心城区非遗保护和传承发展之路。

一、创新中心城区非物质文化遗产保护机制

❶ 创新建立非物质文化遗产项目五级名录保护体系，在全省率先建立“街道级”非遗名录

下城区已形成了系统、规范、科学的国家、省、市、区、街道五级非遗名录保护体系，现有非遗代表性项目66项（国家级3项、省级6项、市级11项、区级28项、街道级18项）。成功举办杭州市非物质文化遗产生产性保护工作现场经验交流会，专推下城区非遗生产性保护经验做法。充分发挥国家级非遗项目的示范带动作用，对有市场潜力的项目采取“项目＋传承人＋基地”三位一体非遗生产性保护模式。积极培育一批市场适应性强、有文化产业发展潜力的生产性保护示范基地，充分利用非遗资源的特殊优势发展文化产业，有效实现非遗资源向文化产品的转化。借力“传统工艺振兴计划”、下城区“文创企业激励政策”，落实各保护单位“传承人授徒”技术工人晋级奖励制度，改善非遗项目在市场经济中生存、发展的生态环境。

❷ 建成开放区、街两级非物质文化遗产展示馆，集中展示非遗保护成果

一是建成以“江南市井间”为主题的杭州市主城区首个非物质文化遗产展示中心——下城区非遗馆，2017年6月9日开馆运营，免费开放，全方位展示全区非遗项目的历史文脉及保护成果。通过活态展示、活态传承、互动参与、拓展开放等形式，形成非遗代表性传承人的传承活动中心、实物资料的收集展示中心、非遗保护的研究中心、宣传交流的传播中心，全年参观者达6000人，目前正尝试探索社会化运营模式，开展了蹴鞠、竹编、折扇、宫灯、皮影等传统文化项目免费学习的活动，深受百姓喜爱。二是以全省首个城市街道级非遗名录试点单位——武林街道为样本，探索城市街道级非遗保护创新机制建设。

制扇技艺（王星记扇）游学

中国非遗博览会“传统工艺进社区”群众参与非遗互动体验

2015年，在全省大力推进非物质文化遗产四级名录体系建设的大背景下，下城区在武林街道率先开展城市街道级非物质文化遗产代表性项目名录试点，率先建立了18项街道级非物质文化遗产项目名录，成为全省城市街道级非物质文化遗产保护的典范。2016年，全省首家也是目前唯一一家集非遗展示、体验、传习为一体的街道级非物质文化遗产主题馆在武林街道建成，集中展示由老戏台（老艺文）、老字号、老手艺、老故事以及老习俗构成的杭城老市井生活态，成为全市推动街道级非遗名录的标杆。几年来，宫廷杭绣讲座体验活动、古琴雅集、杭州评话传习课堂、武林京剧清音桌、盘扣技艺体验、养生腊八粥公益惠民以及非遗文化走进社区等活动陆续形成品牌，非遗体验就此融入下城居民生活常态，几年来累计举办活动300余场，惠及市民和中外游客50000余人次。2018年和2019年，中国非遗博览会（杭州工艺周）的“传统工艺走进社区”系列活动连续两年落户下城武林街道。

❸ 倡导“非遗成果惠民生”融入百姓生活，在全省率先设立“非遗体验点”

2012年，在全省首推命名“下城区第一批非物质文化遗产成果市民体验点”6个，面向市民开展形式多样的公益性非遗互动体验活动，实现下城非遗项目植根于民、全民共享，深受广大市民好评，也得到省、市文化部门的充分肯定。推动国遗项目专题馆建馆率100%，积极开办非遗百姓大讲堂、“跟我学”群众非遗体验、非遗传习课堂等，让非遗走进百姓生活，增强群众对传统文化的了解和热爱。各非遗保护单位、非遗体验点也纷纷推出非遗体验活动。

如王星记利用非遗资源推广扇艺体验游，以王星记扇博物馆为文化卖点、以手工艺流程观摩为亮点、以游客互动为热点，向社会推广扇文化旅游观光体验线，为消费者创造全新的王星记品牌形象和品牌体验。目前，王星记扇业每年吸引国内外游客参观体验达200余场次，促进旅游消费上百万，成为企业新的经济增长点。

❹ 以美丽街巷非遗旅游专线为载体，强化下城旅游品牌的非遗元素

一是打造以“文旅融合·非遗传承”为特色的“非遗网红打卡点”——“美丽小巷”，将非遗主题的市井文化体验融入公共文化活动。以“美丽街巷”为主题，召开“遇见·下城”旅游发布会暨“美丽街巷”开街仪式，以武林街道麒麟街为代表的六条美丽街巷现场进行宣展和体验。通过传统服饰秀、麒麟非遗书场、老巷民间小食、传统民间技艺展演、非遗手作技艺展售等形式，展示各种非遗元素，凸显下城美丽街巷的建设成果，以特色的旅游资源和优质的服务吸引游客来下城。同时，结合城市大脑建设，打造下城区文旅大数据平台，发布“夜游武林”“文化风情”“时尚潮购”“寻味街巷”四条都市旅游专线，在线上推广以武林全域非遗体验链为主线的非遗旅游线路和非遗场馆、非遗活动以及非遗项目的数字资源。全力打造融合武林古韵、非遗特色的“南宋”景观街巷，发布了“武林小巷游”合作意向，邀请旅游企业共同开发“武林小巷游”旅游线路，实现了非遗保护、城市管理和旅游开发的多赢效果。

❺ 实施“武林文化”金名片行动，深入挖掘“武林文化”历史文脉

为保护下城城市文脉，搜寻下城记忆，大力弘扬下城“文化符号”，区、街道、社区形成三级联动深入挖掘历史文化碎片，全面整理下城历史文化遗存和人文风貌，推动下城区非遗保护传承文化体系向纵深发展。完成区首部《下城民艺实录》《下城文化集成》《杭州下城》非遗画册等汇编和“武林文化的精神内涵”课题。同时，还积极开展“武林系”非遗系列活动，提升城市文化魅力。如与嘉里中心合作，推出“武林文化·杭州之光”主题系列活动暨“嘉里中心——Hangzhou，Me Market”（杭州与我·手作集市）活动，邀请数十名杭州

手工艺匠人（特别是来自“武林非遗”的各路传承人）聚集参与，集中展现精彩的武林文化和别样的杭州韵味。以第二届武林文化节为载体，办好全年非物质文化遗产传承系列活动。围绕中华人民共和国成立70周年主题，举办以“传统医药与健康生活”为主题的“中国文化和自然遗产日”特色活动，在张同泰举办一场传统医药非遗技艺体验义诊与传统文化（篆刻、书画）相结合的展示活动，并将此次活动作为下城一项旅游特色项目推出。

二、创新六大“互联网＋”，“文旅融合”特色项目成效显著

❶“非遗＋社区体验”，共享非遗保护成果

下城区把非物质文化遗产教育纳入“送培训进基层”为民办实事和百姓素质提升项目中，让“非遗进社区”互动式体验常态化。在全省首先设立“非物质文化遗产成果项目体验点”6个。打造以区—街道非遗馆，以及各非遗保护单位为主体的保护基地、博物馆、艺术馆、体验馆综合的下城非遗展示场馆集群，吸纳社会力量举办非遗传习课堂。区非遗馆探索试行社会化运作模式，为市民朋友提供非遗馆免费观展、非遗项目零星体验、非遗知识免费普及、非遗书籍免费赠送等四大惠民活动。每年在暑期举办“非遗活动月”，举办“放飞民族文化梦”——下城区非物质文化遗产传承青少儿暑期体验月系列活动，通过亲子体验巡游、拍摄分享感悟、采写非遗故事等方式，让广大青少年和“小候鸟”近距离接触优秀的非物质文化遗产，体验人数达8000余名；举办暑期“大师寻徒”非遗传习课，组织20余天共计200课时的非遗传习课程，近万人参与体验活动。开展“美丽非遗·光影铭记”——记录你身边的非遗项目体验外拍活动、“外国人眼中的杭州”非遗主题摄影展活动、“庆峰会·再出发”——下城区群众文化活动周非遗体验等，让百姓在互动体验中感受中华优秀传统文化的博大精深和非物质文化遗产的魅力。这一系列活动深受广大群众喜爱。武林街道非遗馆也不定期开展暑期青少年体验之旅系列活动、非遗传承人课堂、非遗工匠大师技艺展、非遗体验月作品秀等“非遗进社区”体验活动，让百姓“零距离”参与非遗项目体验，深受群众好评。

❷“非遗＋走亲帮扶”，促进两地文化交流

下城区以非物质文化遗产“文化走亲”“精准帮扶”为纽带，一方面，积极发动非遗项目保护单位开展精准化帮贫，如浙江“土布纺织技艺”非遗项目代表——浙江小巷三寻文化创意发展有限公司提出“手工的村落”计划，以传统村落为土布手工纺织技艺生产性基地，以城市中的“生活体验馆”为体验和推广村落手工艺品、传统文化、非遗文化的传习所，带动乡村经济发展，传承传统土布纺织技艺技术及文化内涵，将经济效益和社会效益达到了最有效的结合。如今，已成功打造“手工的村落”项目示范村落点9个，覆盖浙江、云南、西藏、贵州，成功帮扶当地农村留守老人及留守妇女1200名；所保护的村落手工艺达到4种，并协调新锐设计力量设计研发产品，种类达到40种；组织、策划或参与各类活动达到48场次，在乡村中建立非遗生产性保护基地，开展手工艺培训及订单培训。另一方面，创新开展非遗项目跨区域文化互动交流成果展示活动，实现两地非遗成果与民共享，两地共同推进非物质文化遗产科学保护和生产性开发可持续发展。举办“运河传文脉·钱潮承古韵”杭州下城·嘉兴海宁文化走亲非遗成果展示、“下城·那曲汉藏交流民族文化走亲”专场演出、“下城·德林哈非遗走亲交流活动”等活动。

下城区“非遗暑期体验月”系列活动

❸“非遗＋旅游发展”，文旅融合更上一层楼

以打造文旅融合IP金名片为载体，探索潮流＋非遗的市场运作模式。打造以梅鹤堂为中心的武林文化非遗生态保护区和以新天地太阳马戏团为代表的文旅融合IP金名片，探索一种全新的潮流＋非遗、时尚＋传统的市场运作模式。围绕武林文化非遗生态保护区建设，以全域链式的非遗文化之旅提供游客一条

城市小巷寻找历史、体验传统的旅游专线，打造武林路音乐街区的街头艺术表演＋非遗传承体验巡游＋武林非遗市集品牌（互联网＋非遗）＋新北关夜市栏舍瓦艺相互交融的全域非遗体验旅游项目，将其作为下城文化长廊和旅游景观的起点。进一步促进新时代下城区文化和旅游产业的深度融合，坚持优秀传统文化的创造性转化和创新性发展，将非遗项目融入旅游发展中，带动旅游发展。如开设非遗主题“美丽小巷”，在龙游路上设立“非遗展示街景墙”并开展“非遗武林集市”“非遗年货节巡回展”等，让美丽小巷成为游客打卡点。打造“线上推广、线下买卖，线下体验、线上销售，线上线下共同推进”的非遗传统工艺新零售模式，带动旅游发展。在中秋、国庆期间，开展为期一周的“红色中国·武林传承”庆祝中华人民共和国成立70周年主题大型剪纸展，在武林路美美艺术空间内开展“迎国庆·传统工艺进社区”互动体验展，为武林路国际街区开街造势，也吸引了大量游客前来参观体验。

❹“非遗＋文化创意”，焕发传统文化新活力

下城区注重非遗项目与文创产品的融合，让传统文化焕发新的活力，获得更多的受众，从而带来更大的经济效益和社会影响力。如王星记扇注重要素嫁接融合，加强旅游商品创意研发，重视加强旅游产品非遗技艺合作，将多种技艺融于一扇，突出旅游产品非遗特色，市场反响好。它在传统扇面上融入了生活美学元素，在实用价值的基础上更加凸显了扇子的审美价值，还以非遗文化元素建设终端网点和实体店，着重在店面的设计布置上加强非遗文化的传播，在旅游商品的包装上利用图文介绍灌输宣传，并有王星记非遗书籍的展陈与出售，促进非遗知识科普教育，让旅游购物成为一种增长非遗知识、增长见闻、身心愉悦的难忘经历。王星记扇业策划设计适销对路产品，成为G20杭州峰会、B20杭州峰会官方指定纪念折扇供应商，还喜获“2018品牌杭州·产品品牌”评选生活品质特别奖和杭货风采奖、“礼扇江南”老字号伴手礼大赛金奖等多个奖项。又如小巷三寻研发环保手帕、环保书皮以及亚麻新材料等文创新产品，让土布获得了新生。设计制作的“本心”妈妈装获“非遗薪传——浙江传统服饰精品展”入选奖。

⑤ "非遗＋对外交流"，提升非遗国际影响力

下城区制扇技艺（王星记扇）、土布纺织技艺、杭州黄杨木雕和男工杭绣四个非遗项目及传承人积极参展"中芬文化节"等中外文化交流展会，并进行现场传统技艺展示与互动。在世游赛（25米）比赛期间，下城区还开辟传统文化展位，向参加世游赛的国际来宾们提供免费非遗项目体验，让国际来宾感受到中国传统文化的魅力。王星记扇业以"扇艺中国·礼善世界"为拓展口号，大力推进非遗文化走出去及国际化，非遗代表性传承人经常远赴海外展演制扇技艺，传播扇艺文化，进一步提升王星记扇国际影响力，成功承接国家文化和旅游部外联局、非遗司和浙江省文化和旅游厅主办的中国—中东欧国家非物质文化遗产保护专家级论坛的考察和研讨会活动，充分展示了王星记非遗文创成果。又如十竹斋木版水印以国际高校为对外文化交流重要阵地，先后在东京大学、大阪大学等十余所国外大学开展木版水印文化对外交流传播活动，让国外大学生了解和参与中国传统版画印刷艺术，推动木版水印文化在世界范围内传播，还先后赴阿根廷、法国、德国、英国等多国进行交流活动，积极参加国际文化会展，将木版水印作品作为文化交流媒介向西班牙国王费利佩等各国领导人推介，提升了传统文化的国际影响力。

⑥ "非遗＋校内外传承"，融入核心价值观教育

下城区积极将非遗传承与学校教学相结合，并融入核心价值观教育，实现"非遗进校园"主城区中小学全覆盖。另外，下城区还十分注重青少年课外教育、游学体验，将非遗保护与校外第二课堂教育、与学生社会实践相结合，在暑期开辟非遗体验之游学线路，举办"大师寻徒"非遗传习课堂，开展以绿色环保为特色的"校园中的半亩棉田"农耕纺织体验、"环保书皮"及汉声阅读进校园等活动，开办"武林艺萃"少儿戏曲集训和昆曲"幽兰讲坛""大师寻徒"暑期非遗传习课堂、"画里下城"民俗画展、"少用餐巾纸重拾小手帕"2018百场活动暨非遗传承体验系列活动等，深受青少年喜爱。在下城区"五四"首届青春风尚节上开展"显工匠精神·展传统魅力"八大非遗项目互动体验展，实

现传统文化与青春风尚的薪火相传。下城区非遗馆成为杭州师范大学留学生实习基地。此外，各非遗保护单位也纷纷推出“非遗＋游学”项目，如王星记扇业2019年成功申报杭州市中小学生研学旅行基地，从研学旅行方面做好文旅融合非遗的文章，形成了静态展示与活态演示的联动、大师授课与参观者亲自参与互动的格局，非遗文化产业得到进一步发展。王星记扇业被认定为“浙江省工业旅游示范基地”“国际社会资源访问优秀示范点”，有力推动文旅融合非遗的发展。

三、以非遗“三进”特色传承工程为载体，受众面和影响力不断扩大

下城区打造以城市街道和社区保护为特色的主城区非物质文化遗产保护体系，探索非遗进校园、进社区、进市场的“三进”机制。

1 “非遗进社区”互动式体验常态化

下城区积极开展“传统工艺进社区”工作，充分体现非物质文化遗产走近大众、走入生活的过程和途径，让“非遗进社区”互动式体验常态化。区非遗馆积极加入辖区市民学习微联盟，为市民朋友提供非遗馆免费观展、非遗项目零星体验、非遗知识免费普及、非遗书籍免费赠送等四大惠民活动，供市民“打卡”学习。武林街道非遗馆则不定期开展“穿越古韵·拾记下城”——下城区武林文化节之非物质文化遗产暑期青少年体验之旅系列活动、第十届“浙江·中国非物质文化遗产博览会（杭州工艺周）”开幕式及非遗进社区活动、下城区首届武林文化节暨第三十一届社区文化月——下城区非遗工匠大师技艺展暨暑期非遗体验月作品秀等“非遗进社区”各项目传承体验活动，让百姓“零距离”参与非遗项目体验，深受群众好评；举办下城区“国医嘉传·生生不息”道地药材非遗文化主题活动，举行中医文化服饰走秀、养生茶艺展示及品茗活动、道地药材展示、传统丸药制作技艺体验、端午节香囊DIY、印泥制作体验、中医药材作画体验、钤印长卷体验等活动，供市民参与体验；举办“浙江·中国非遗博览会”之“传统工艺进社区”展示展览活动、“红色中国”主题

剪纸展等群众喜爱的非遗展示体验活动。

❷“非遗进校园”主城区中小学全覆盖

下城区围绕“推动非遗传承，弘扬传统文化”，积极将非遗传承与学校教学、校外第二课堂教育相结合，与院校建立非遗保护教学合作机制，利用各类非遗教学传承展示平台积极开展系列“非遗进校园”活动，把中华优秀传统文化全方位融入其中。目前，非遗进校园活动已实现中小学全覆盖。进一步完善长江实验小学（木版水印）、京都小学（昆曲）、景城实验小学（越剧）、求知小学（丝绸扎染）、长寿桥小学（京剧）等七所已入驻非遗项目学校的特色教学工作，打造“一校一品”的非遗进校园案例，推动优秀传统文化项目“校园传承”火热化。通过普及非遗知识，传授非遗技艺，让学生近距离接触非遗，体验传统手工艺人坚守的匠人精神，为未来的传承播下种子。进一步加深青少年对优秀非物质文化遗产的认知，增强青少年保护环境的意识，将非遗保护与绿色环保相结合，在全国开展“小巷三寻环保书皮及汉声阅读进校园”活动，将小巷三寻的手工书皮技艺与产品及汉声阅读出版的童书，送到全国17所学校。开展“播下一粒种子”青少年非遗传承保护项目，开展“校园中的半亩棉田”非遗进校园环保项目，引导孩子体验农耕纺织。与区青少年活动中心合作，开展每月一次的非遗进中心动手实践课堂，让辖区内30余所中小学轮番体验非遗传统技艺。在暑期开展“大师寻徒”非遗主题夏令营。十竹斋木版水印以国际高校为对外文化交流重要阵地，先后在东京大学、大阪大学等开展木版水印文化对外交流传播活动，推动木版水印文化在世界范围内传播。此外，暑期非遗校外教育也受到了青少年的欢迎。

❸“非遗进市场”互联网展销多元化

下城区借助互联网智慧化平台，宣传与推广“互联网＋非遗”线上线下联通联动新型销售模式，在龙游路举办非遗武林集市、全市非遗年货节巡回展，参与阿里巴巴的淘宝“108匠”杭州非遗网店的非遗线下推广活动。上城区通过开展技艺展示、互动体验等系列活动，让群众亲身感受非遗，触摸非遗，体验非遗。如今，凡有经营能力的保护责任单位均在阿里巴巴淘宝网、腾讯微拍堂等网络平台设立了网上品牌专营店铺、微店等。下城区还积极开发非遗文创产品，探索“非遗＋互联网”销售模式，开展网上文化产品交易项目推介活动，致力非遗产品向市场转化，进一步扩大非遗消费群体。在龙游路步行街上开设非遗产品专卖集市，开展非遗展示体验活动，举办非遗活态展演，让游客零距离体验传统非遗的魅力，带动了客流和消费，促进非遗产品旺销，拉动旅游经济增长。下城区非遗项目还参与了2018年度“文化和自然遗产日”系列活动暨“互联网＋杭州市传统手工技艺展”、杭州市文化消费试点城市建设网上文化产品交易项目推介活动等。举办“庆元旦·迎新春”——杭州非遗武林年货节，全市共遴选35项非遗项目和5家非遗文创企业参与活动，推选出众多独具杭州特色、杭州风情、杭州味道的非遗老底子年货进行展示展销，旨在通过传统年货集中展销的方式，让非遗融入百姓生活。

四、结语

下城区始终坚持保护传承非物质文化遗产的信念，通过多种载体使生活在中心城区的群众也能亲身感受非遗、触摸非遗、体验非遗，将非遗保护回归到千家万户的日常生活中，不断满足人民美好生活的需要，创造性转化非遗优秀成果，开辟出独树一帜的城区非遗文化保护传承之路，让非物质文化遗产真正融入生活、焕发生机，让非遗的传承与发展在当今文旅融合的时代“活”出新模式，切实提升城区的文化软实力。

（作者：吴哲）

杭州拱墅区桥西历史街区“非遗+旅游”的实践与思考

杭州拱墅区位于京杭大运河的最南端，运河在境内蜿蜒12公里，是省内古迹保存最完整、底蕴最深厚、资源最丰富的一段。运河文化是拱墅文化的灵魂，拱墅区充分利用运河资源，打造运河沿线具有鲜明特色的非遗展示街区“金字招牌”，桥西历史街区是其中的代表。桥西因位于拱宸桥西岸而得名，总占地面积7.29万平方米。早在清朝同治年间该地已成为拱宸桥区域繁盛的水陆码头。

拱宸桥两岸风貌

随着大运河申遗成功和非遗项目聚集，2015年，桥西以非遗活态展示特色成功入选第三批浙江省非物质文化遗产旅游景区，2017年，摘得中国年度大运河文化带特色项目奖。桥西历史街区接待游客量逐年增加，2017年共接待国内外游客876.44万人次，2018年接待926.7万人次，2019年上半年已接待1642.96万人次。

拱墅区立足地理和文化优势，以非遗保护为核心，努力传承和保护历史文脉，在城市发展中留住根和魂。来自世界各地的游客在这里可以通过参观博物馆群，了解传统文化，亲自体验非遗项目，动手制作手工艺品，还能喝茶听曲艺，感受大运河遗产文化。这里已形成了一种满足社会需要的文化旅游形态，激发了城市历史文化街区和非遗项目的内在活力。

一、桥西历史街区打造非遗旅游聚集地的主要方式

拱墅区与相关单位达成共识、形成合力，坚持“应保尽保、修旧如旧”的原则，以打造“运河边没有围墙的博物馆”为工作重点，以非遗为核心灵魂，实现城市历史街区与传统文化互补融合，使古老的街区重新焕发了生机。杭州桥西历史街区聚集非遗项目采用了四种方式。

❶ 转化工业遗存功能，构建博物馆群

桥西历史街区属于典型的地缘街区，依托运河形成，流动产业和人口多，具有多种文化交汇所形成的各具特色的物质空间形态和非物质人文景观。拱墅区共有17处规模较大的工业遗存。拱墅区与杭州市运河集团密切协作，深入挖掘历史文化资源，创新转化反映城市工业发展的工业遗存，改变沿河景观的单一性，突出了近代工业元素，使得这里的景观具有独特的风格。依托运河沿岸老工业厂房和历史建筑，构建了博物馆群，建成中国京杭大运河博物馆、中国刀剪剑博物馆、中国伞博物馆、中国扇博物馆、中国杭州工艺美术博物馆等五大博物馆，还有手工艺活态展示馆，全国首家非遗文献馆等，这些体量庞大、藏品丰富的博物馆以展厅和互动的形式展示着各自的历史演变和独特文化，形成了文化旅游聚集区的亮点。

2017年在手工艺活态展示馆举行“大匠至心”传统工艺振兴沙龙

中国刀剪剑博物馆外景

❷ 集聚非遗项目，形成非遗展示浓郁氛围

桥西历史街区非遗资源丰富。街区内杭州工艺美术博物馆引入了越窑青瓷、黄杨木雕、刺绣等19位非遗大师的工作室；手工艺活态展示馆汇聚了张小泉剪刀、西湖绸伞、四川泸州油纸伞、皮雕等20余个非遗项目；还有文化和旅游部非遗司批复支持拱墅区设立的传统工艺工作站，以政府搭台、区域联动、社会力量参与形式建站，集合了非遗人才和资源，零距离交流，体验式参与，传统手工艺的丰富内涵得到了淋漓尽致的诠释。桥西直街优选非遗项目，优化业态，现已入驻的有老开心茶馆、浙派徐门古琴运河馆、方回春堂、天禄堂国医馆、陶一天陶艺、乐漫土黏土捏塑等10余家传统场馆。

拱墅区还成立了大运河文化旅游交流中心，吸纳辖区文化、旅游、体育、媒体等社会力量，目前已有50余家成员单位，在运河文旅的宣传推广、学术交流、文化旅游活动等方面展开合作，布局了一批非遗体验共享的公益平台网点，积极探索商业化运作，拓宽创意产品的市场，营造浓厚的文化氛围。

❸ 保留运河人家，表达原生态风情

街区最大容量保留了原住民住房建筑风格和生活方式，现仍保存有最完整的清末民初沿河民居建筑以及大量近现代工业遗存等，原住民仍在此生活，运河沿岸的浓浓生活气息也成为游客的关注点。

桥西历史街区曾经有不少酱园、药店、茶店等传统店铺，历史街区的建设，适应现代化城市发展需要，桥西开设有方回春堂、天禄堂、大运河国医馆等老字号国药馆。同时，去茶馆喝茶、听古琴演奏、看戏曲表演这些老底子的休闲娱乐方式也有了现代的表达：在老开心茶馆里，游客除了品茶，还可以欣赏到“杭州评话”“小热昏”“滑稽戏”等原汁原味的杭州声调；在拱宸桥边的南戏楼荣华戏园里，每周都有越剧、绍剧、皮影等表演，场场爆满，让游客与周边百姓一起享受最地道的文化娱乐。

桥西直街上小热昏表演

④ 丰富活动内容，体现非遗活态参与乐趣

桥西历史街区创设“非遗＋旅游”，重视非遗的活态性、故事性的感染力打造。拱墅区评选出包含拱宸迎月、桥西博古的拱墅新八景，唱响了“春走大运、夏品民俗、秋逛庙会、冬赏花灯”的运河文化四季歌，在桥西历史街区还举办大运河戏曲节、大运河湖墅婚典、运河创意文化集市、运河美食节等品牌活动，成为市民游客热情参与的新民俗、新风尚。近年来，在运河畔还举办了“大匠至心”传统工艺振兴沙龙、第二届中国—中东欧非遗保护专家级论坛、第十一届浙江·中国非物质文化遗产博览会、“少年非遗说”等非遗专业高规格活动，提升了拱墅非遗的知名度和影响力。

运河文化广场非遗花伞市集

街区内还经常组织“桥西集市”、匠人集会，让非遗传承人进行技艺展示，让游客感受京杭大运河文化，烘托历史文化街区的景观背景，让老传统成为新

潮流，促进了城市经济、文化的发展，带动非遗的传承。

二、打造桥西历史街区实践体会与“非遗＋旅游”价值分析

❶ 回归人文情怀，寻找心灵归宿

将非遗项目植入城市历史文化街区形成“非遗＋旅游”形式，不但满足了旅游者的文化与遗产的经历与体验需求，更升华了“怀旧情结”。当旅游者开始“怀旧”，将过去的美好转化成对将来的美好“期待”时，强调的是寻找心灵归宿。从这个意义上理解，“非遗＋旅游”是一种情感体验，不是仅仅去“看看”，或是从中得到一些教育或是玩得舒心而已，而是要去“感觉”的。“非遗＋旅游”首先是一种旅游形式，其次才是非遗项目的管理形式。作为一种旅游的形式，回归人文情怀，促进旅游者获得各种不同的文化体验，非遗项目必须转化为文化旅游产品。

❷ 共识本土文化，提振文化自信

原真性和完整性是非遗保护的核心理念。非遗是世代相传、活态存在的传统文化表现形式，是“真实性”的文化再现，对人们的触动会更大，印象会更深刻。在城市历史街区内，可以为旅游者演绎“本土文化”，让旅游者通过自己的旅游经历，获得的真实性体验，形成原真性效果，提振文化自信。

❸ 依托非遗“活化”，融合非遗旅游

非遗本质是一种“活态”文化，它的魅力来源于流动的歌声、舞动的身姿、精美的手工艺品……非遗“活化”作为桥西历史街区景区的重要内容，在街区旅游开发过程中起到了非同小可的作用，也被理解成是一种非遗传承与城市旅游的融合。人既是非遗项目的创造者，又是传承者，非遗项目入驻街区内，通过非遗传承人反映出来的世界观、价值观、审美观和情感、智慧、思维方式等等，来表达非遗项目的创造、传播、享用，体现非遗项目的审美价值和文化价

值，最终让旅游者共同参与、体验和了解，是一种有效的活态传承手段，最大化保证了城市历史街区旅游中非遗项目的原汁原味，并有助于城市历史街区旅游文化内涵的提升。

三、城市历史街区“非遗＋旅游”面临的困境及思考

❶ 如何实现城市历史街区旅游整体布局，形成城市历史街区景点整体联动

杭州拱墅桥西历史街区呈狭长分布，是杭州运河沿线保存最为完整、具有一定地域特色的历史街区。街区北至湖州街、吉如街，南至登云路，西至吉祥寺路、小河路，东至京杭运河西岸、金华路。随着城市功能布局的调整，街区也存在着与其他历史街区类似的开发困境。其一，街区涉及多个管理主体，为整体保护开发建设和管理带来困难；其二，街区与居民区交织互融，街区主体与属地管理分散，这给街区日常管理带来困难。其三，街区与城市的其他历史街区相距较远，相互之间没有较为便捷的交通工具，较难形成城市历史街区主题旅游活动。

❷ 如何打造具有城市文化内涵、宜居、宜商、宜游的特色城市空间品牌

城市历史街区作为一个物质形态与精神形态兼具的综合体，就物质形态而言，具有一定规模的建筑群或遗产遗存、传统物质环境，就精神形态而言，彰显一定的历史、社会及文化价值。整体而言，城市历史街区应该较客观真实地反映该城市传统风貌与地方特色生活。城市历史街区作为城市特色的重要组成部分，历史环境是维系城镇居民的精神归属的根基，是城市文化的活生生的表现，必须在完整保护的基础上，使其延续生长。因此，要提升“非遗＋旅游”魅力，应当重视拓展城市历史街区保护的外延，从单一重视遗产保护要素转向重视文化要素与自然要素相互作用与融合基础上的发展；从单纯建立历史街区形象和开发特色旅游产品层次提升到特色城市空间战略管理层次思考，打造城市历史街区宜居、宜商、宜游的品牌文化，凸显城市历史街区竞争力。

③ 如何建构旅游安全管控体系，形成城市历史街区旅游网络化管理格局

城市历史街区旅游与传统的景区旅游不同，安全管理需要多部门协同，自然会存在效率不高的问题。排除城市历史街区旅游可能存在的安全隐患，制定各类自然灾害、旅客投诉的早期预警处理方案，实施旅游安全教育，加强旅游从业人员培训等，需要形成旅游安全救援的网络化管理。另外，桥西历史街区已经处于城市中心地带，其所占土地具有很高的商业和开发价值，相当多的房屋在一定程度上进行了改建和拆建，使得街区内的生活方式、邻里关系发生变化，培育商铺店主爱护街区建筑和公共空间设施的意识，也需要实现网络化，以确保城市历史街区旅游服务平稳、有序、健康的发展。

四、城市历史街区“非遗＋旅游”中非遗“活化”之道的展望

❶ 期待从体验中走出非遗的传承之道

旅游作为遗产类项目的一种“活化”方式应该是双向的。非遗项目围绕保护以及活态传承理念，以“活”的姿态向旅游者传承，旅游地也因非遗项目的植入而增强活力，绽放生机。那么，在城市历史街区旅游中该如何设计这种互交互融呢？对非遗项目的体验是通过人的听觉、嗅觉、味觉、视觉、触觉等感官去认知，获得成长经验和综合的感知。城市历史街区“非遗＋旅游”中需践行见人见物见生活的非遗保护理念和文旅融合的思想，在守护本真的大前提下，让游客体验非物质文化遗产的特性，使旅游者在体验中领略到非物质文化的精髓，体验极具地域特色的文化，了解当地节庆活动的源起与意义，满足内心的仪式感和参与感，对旅游地十分难忘，并向其他人传播所体验到的感受。旅游活动中的非遗项目体验，应当注重主题和氛围，增加多种感官与心灵的体验，容易为旅游者接纳，特别是要争取青少年的关注，在学生研学、第二课堂教学基地等方面发力，让青少年成为非遗的主动传播者和传承者。

❷ 期待从传统中走出城市文化的创新之道

创新是非遗项目保护发展的内在要求。非遗项目具有悠久历史，是传统的，在城市历史街区“非遗＋旅游”中，可以与城市文化碰撞出新的火花，获得“活化”形式的创新。例如：传统手工艺类项目是生活类非遗的突出代表，剪纸、泥人、风筝等，在漫长的历史实践中离不开社会民众生产生活的现实需要，与民众日常生活有密切的互动关系。可以通过城市历史街区旅游这一独特的途径，实现传统技艺和产品的原真展示，让非遗传承人想办法贴近当代人的生活，与当代城市文化融合。非遗项目重构为生产者、消费者和文化精英所共享的、整体性的新意义，从而建构良好的城市文化生态环境。非遗与当代城市文化融为一体，不断创新，融入现代生活，也是非遗发挥其应有文化影响力的必然选择。从另一个视角分析，保护传统技艺，需要重视传统手工艺行业的整体性保护，推动其行业发展、振兴。城市历史街区的“非遗＋旅游”实践，可以形成手工艺传承人不断创新的动力机制，激发手工艺传承人在传承中创新，这是非常有意义的，甚至远比资助个别传承人更为重要。

❸ 期待从娱乐中走出现代科技的应用之道

非遗与旅游的融合，也需要不断地升级提升。从历史走来，非遗传承人在历代人们生活中大都引领过潮流和时尚，如今，在城市历史街区“非遗＋旅游”中，“活化”可以充分结合高科技手段，传统和现代可以更好地融合。在城市历史街区可以设置非遗VR体验馆，旅游者只要戴上VR眼镜，就能与非遗零距离接触；可以使用非遗App手机软件，生动讲解非遗项目的来源与发展。街区内的实体博物馆与展示厅，可以应用导视系统、舞台背景、触摸屏、音效等科技手段，实现数字化演示，采用大众喜闻乐见的话语体系，让旅游者生动直观地感受传统文化的魅力；还可以将非遗的重要文献资料，采用数字化方式植入网络游戏中，设计数字化的游戏角色、数字化的场景等呈现城市历史街区的原貌，使玩家在体验游戏的过程中对城市历史街区有一定的了解，产生旅游的欲望；对传统戏曲表演类非遗项目，可以用现代科技手段布置情景，采用去舞台化的表现形式，让城市历史街区焕发出流动的美，让旅游者体验不一样的历史街区，从而形成文化、经济互动协调和可持续发展的良性模式。当然，更需要依托互联网平台开展城市历史街区旅游服务，旅游者可借助便携的终端上网设备，获得非遗和旅游的各种相关信息，从而达到旅游者对各类信息的智能感知、方便利用的效果。

④ 期待从自信中走出本土文化的深化之道

城市历史街区的历史悠远，旅游开发不仅应当关注旅游者的各种需求，更要关注当地人的文化需求与环境需要。因此，城市历史街区应当做好本土文化情感链接的文章，为当地居民与旅游者交流搭建一个平台，提供展示他们作为文化持有者的知识和精神价值的机会。这种地方自豪感也会无形中增加“非遗＋旅游”在旅游者心目中的价值，吸引他们进一步来体验、认知和理解。可以在街区内开展有特色的非遗活动，增强本地居民的家乡归属感，树立地方自豪感，让旅游者进入学习体验非遗的精神层面。让追求“品味浪漫与品质生活”的旅游者体验当地文化，在当地居民与游客的交流活动中，提升城市历史街区“非遗＋旅游”的趣味性，也悄然让传统本土文化得到传播与深化。

五、结语

城市历史街区“非遗＋旅游”的开发，从广度和深度上来讲都是一个不断拓宽、发展、完善的过程。随着现代旅游者对旅游的认识趋于成熟，在旅游过程中追寻文化的价值、品味生活的浪漫已经成为现代旅游者的重要需求之一。因此，开发“非遗＋旅游”应当提升品级，使非遗项目具有更高的观赏性、浓郁的历史意味、独特的地域色彩、深厚的文化底蕴和文化审美韵味，从而使现代旅游者能够置身于浓郁的地域文化氛围中，获得新奇、震撼、悠闲的生活体验，从而增加学识，丰富人生阅历。

参考文献

[1] 吴齐正.浙江古桥遗韵[M].杭州:杭州出版社,2011:209.

[2] 周新华.杭州运河名胜[M].杭州:杭州出版社,2015:65.

[3] 吴蔼宸.历代西域诗钞[M].乌鲁木齐:新疆人民出版社,2001:279.

[4] PORIA YANIV, BUTLER RIEHARD, AIREY DAVID. The Core of Heritage Tourism[J]. Annals of Tourism Research, 2003,30(1):238—254.

[5] SHAUL KRAKOVER, RINAT COHEN. Visitors and Non-visitors to Archaeological Heritage Attractions: The Cases of Massada and Avedat, Israel[J]. Tourism Recreation Researeh, 2001,26(1):27—33.

[6] 徐姣,陈肖静.关于我国历史街区旅游开发研究的回顾与思考[J].旅游导刊,2018,2(05):54—72.

[7] 林乐翔.面向非物质文化遗产展示的“空间体验”设计研究[J].工业设计,2019(07):103—104.

[8] 季中扬,陈宇.论传统手工艺类非物质文化遗产的创新性保护[J].云南师范大学学报(哲学社会科学版),2019,51(04):59—65.

[9] 林蓉.新媒体技术应用下智慧旅游的升级与发展[J].旅游纵览(下半月),2019(07):13—15.

[10] 孙九霞,王学基.旅游目的地居民本土休闲文化与地方实践——以云南丽江为例[J].广西民族大学学报(哲学社会科学版),2019,41(03):65—72.

（作者:文闻、陈天伦）

江干区探索非遗旅游新模式 凝聚融合发展新动力

江干区位于杭州市东部，濒临钱塘江岸，故名江干。江干区历史悠久，自古繁华。六朝以来，江干凭借着独特的地理优势，成为钱塘江畔人烟浩穰、海舶辐辏、商贾云集的通商贸易口岸，有着“钱塘江畔金江干”之美誉。区域内现有非遗名录项目41项，其中市级15项、省级4项、国家级1项（均重复计算）。国家级项目“杭罗织造技艺”作为“中国蚕桑丝织技艺”的重要子项目之一于2009年被联合国教科文组织列入《人类非物质文化遗产代表作名录》。旅

江干区新非遗馆（在建）

游产业主要位于丁兰街道，其中皋亭山景区成功创建为国家4A级旅游景区和浙江省非物质文化遗产旅游经典景区，年游客量约为30万人次。

文化是旅游的灵魂，旅游是文化的载体。随着文化和旅游的不断融合，作为文化多样性的重要体现，非遗与旅游的牵手水到渠成。如何更好地释放非遗的旅游价值，促进非遗传承与旅游创收的良性互动，是新时期赋予我们的新课题。江干区在文旅融合的时代背景下，努力探索“非遗+旅游”的新模式，积极为区域发展注入新的活力。

一、突出重点，发挥非遗旅游景区影响力

❶ 挖掘融入更多非遗元素

江干区内的皋亭山景区不仅风景秀丽，其文化底蕴更是深厚，以它为核心的传说故事通过口耳相传延续至今。“皋亭山传说”顺利列入第四批省级非遗项目名录，皋亭山景区也成功申报为第二批省级非遗旅游经典景区。景区已连续举办七届“皋亭观桃节”和五届“孝心登皋节”品牌系列活动，其中“皋亭观桃”已列入区级民俗类非遗项目名录。

在“皋亭观桃节”“孝心登皋节”基础上，江干区将继续挖掘当地历史文化遗存，举办皋亭山传说演讲比赛、皋亭山书法大赛、皋亭山摄影大赛等活动吸引游客参与。根据皋亭山传说编排越剧、舞剧等并进行巡回演出，精制类似“梦寻皋亭”的实景人文雅集演绎皋亭山的历史文化，并尝试作为常设节目在景区予以推广。同时依托景区强大的客流量，可将非遗技艺展、非遗传统体育大会等大型非遗活动及节庆文化活动的主场设在此处，发挥景区在非遗宣传展示中的阵地作用。

❷ 把握旅游六字诀

“吃住行游购娱”旅游六要素同样可在非遗上做文章，实施非遗进景区。吃，《舌尖上的中国》《风味人间》等的热播显现人们对饮食文化的追求，推广

皋亭山千桃园

皋亭山传统熏鸡、孝道养生宴、风情农家乐菜肴等特色美食，配合节庆节气开发应季小食，如观桃节时的桃花酿、桃花羹、桃花酥，登皋节时的桂花糕、菊花酒，使之成为吸引游客的卖点；住，打造特色文化民宿，在民宿里提供非遗传承体验，如手工艺、传统舞蹈、音乐、体育游艺等的演艺展示等；行，在原有的登山游步道、赛事骑行、古运河游线上与非遗、民俗结合，以孝道连廊、故事小径、民俗长桥等形式增强游客的代入感；游，除传统的景点外，可举办各式丰富的文化节庆活动，特别利用春节、元宵节、端午节、中秋等传统节日，安排一些非遗活动供游客参与；购，挖掘皋亭山当地和传说故事中的文化内涵，推出一些旅游伴手礼，如农产品、手工艺品等，同时为传承人搭建平台，在景区推广非遗作品；娱，选择参与性、互动性较强的传统舞蹈、传统体育游艺类项目入驻景区，将表演艺术、民俗、人生礼俗等环节与现代休闲生活相结合，举办一些“体验节”活动。

二、整合资源，探索非遗旅游新线路

❶ 高标准打造区非遗馆

目前江干区正在九堡文体中心新建一座1600平方米的区级非遗馆，展馆定位为充分展示江干区非遗保护成果（项目、传承人、保护成绩），对外展现非遗文化的地域性，围绕钱塘江文化做到特色鲜明，践行非遗“见人见物见生活”的保护理念。希望改变单一的项目介绍、作品展陈方式，通过情景模拟、互动体验等形式让非遗更贴近大众生活，体现活态传承特色。如此形式将吸引更多的人进馆体验，尽力实现非遗保护和传承从青少年做起，积极打造青少年非遗研学中心。

现展馆计划通过可移动名录墙，以文字、图片、视频、史料、实物等全方位展现江干非遗成果。同时开设项目活动体验区，用于非遗项目、民间工艺的学习互动，以及展演传习区，分时分段开展曲艺、戏剧、舞蹈、音乐等的艺术表演和传说故事、传统技艺、体育类项目的培训交流和竞赛活动。建成开放后，江干区非遗馆可成为江干新的旅游地标，争取和其他文体设施一起给游客提供更多的文化产品和服务，增强他们的文化参与度、获得感和满足感。

❷ 串联区域非遗体验点

中国很多城市和主要旅游点都编制了旅游地图，旅游地图能正确、形象、直观地介绍旅游区域、旅游线路、旅游景点、交通路线和各种旅游设施，具有很强的艺术性、适用性、针对性等特点。随着文旅融合趋势，许多地方推出了各式特色地图，像杭州市党史馆发布的《杭州红色博物馆联盟手绘地图》、杭州市园文局绘制的《红色记忆手绘地图》等。非遗顺势而上，浙江省率先发布了《浙江非遗地图·守护者声音》语音地图，通过非遗传人亲身讲解的方式，以期唤起更多人的文化认同，用声音保护和传承非遗。

以此为借鉴，江干区可通过创新技术手段发布区级非遗地图，让市民群众得以近距离感受非遗魅力。江干区成立了同心教育基地联盟，其中不乏非遗传承基地、非遗展示馆，如万事利丝绸文化博物馆、南宫秀传统戏服文化馆，另有杭罗博物馆、菜文化博物馆、创艺剪纸社等非遗基地。可将这些非遗体验点串成链，形成一条有特色的非遗游线路，开展观光游、体验游、研学游等等。在先前《江干区文化地图》的基础上加以丰富，结合区域文保单位、博物馆、创意中心、标识建筑，打造几条文化旅游线路，并运用微信、抖音等新媒体优势予以推广，扩大对外知名度及影响力。

三、围绕中心，打响钱塘江文化品牌

❶ 拓宽民俗文化展演渠道

钱塘江又名浙江，是浙江人民的母亲河。钱塘江干支流开发历史悠久，沿河流域留下许多名山秀水、名胜古迹，旅游资源较为丰富，被称为“黄金旅游带”。此外，钱塘江流域历史底蕴深厚，钱塘江两岸留下的无数令世人赞叹的文化遗产，无不蕴藏着中华民族珍贵的文化“基因”。近年来，杭州从“西湖时代”迈向了“钱塘江时代”，浙江力推“钱塘江文化带”建设，杭州市“拥江发展”行动有序开展，钱塘江的重要性日益凸显。合理利用这些文化、旅游资源，开发钱塘江旅游线路和产品，丰富钱塘江文化内涵，促进文化与旅游深度融合成为一大思路。

根据“江干劳动号子”编排的舞蹈演出照

以此为契机，江干区大力推进钱塘江文化品牌塑造，已举办钱塘江文化节、钱塘江民俗文化展演、钱塘江流域文化庙会等文化活动，还有钱塘江国际冲浪挑战赛、钱塘江国际公益骑行大会等国际性体育赛事，这些体育活动中常有非遗文化项目展示，是文体融合的重要印证。江干区有“钱塘江传说”“钱塘观潮”“江干古木船制作技艺”“江干劳动号子”等与钱塘江密切相关的非遗项目，将这些资源整合，通过民俗展演、舞台艺术的形式进行表现。同时文化、旅游、体育各线结合开展活动，用如音乐节等年轻人喜爱的方式，设置文艺演出、非遗展演、体育游戏等环节吸引游客，实现流行与经典、传统与现代的完美碰撞。

❷ 开发系列非遗文创产品

南宫秀设计的五色香囊

每个城市都有自己的文化标识，应该有能代表这座城市的文化名片，将非遗元素和旅游纪念品结合起来不失为非遗保护的有效路径。像海宁市主推的硖石灯彩，既有传统造型，又有紫砂壶等创意款式；象山县面向游客，开发具有海洋文化特色的贝壳、珊瑚类纪念品；桐庐县合村乡恢复绣花鞋制作工艺，设计各种新款式，并将其推向市场。这些都受到了市场的推崇，可见这类非遗纪念品前景甚好。挖掘区域代表性的非遗文化，制作非遗衍生文创产品，实现非遗可带走。

江干区的一些传统工艺企业，在立足自身产品的基础上，已尝试开发一些非遗衍生文创产品，如杭罗织造技艺的手绘手机壳、南宫秀的真丝绣花手工艺袋和五色香囊、万事利的多功能U盘无线充电丝绸笔记本等。江干区九堡新非遗馆计划引进文创空间，后期将进一步与设计公司对接，合作开发非遗系列文创产品，融入“皋亭观桃”“钱塘观潮”“茶馆习俗”等非遗元素，创作设计名片夹、书签、对筷、扇子、茶罐等非遗周边产品。将它们转化为旅游纪念品在景区、非遗点、活动赛事上展销，使非遗更好地融入旅游场景，丰富旅游内容。同时利用旅游优势，在各地的旅游推介会上宣传推广，以旅游为载体扩大非遗的知名度及影响力。

在文旅融合的大趋势下，旅游就像是给非遗插上了一双腾飞的翅膀，“非遗＋旅游”的市场潜力不断被激发，非遗“见人见物见生活”的保护理念得到了生动实践。非遗保护是一项没有终点的长期性工作，如何更好地加强非遗资源的开发利用，推进传统文化元素转化为旅游产品，从而构建非遗科学保护新格局，让文化活起来，让旅游火起来，江干区一直走在探索之路上。

（作者：盛雪斐）

文旅融合：心之所向，身之所往

——西湖区“非遗＋旅游”传承发展新模式

2018年，随着文化旅游机构改革的探索创新，诗和远方走在了一起。这与其说是创新，不如说是一种回归，从南北朝游记文学的产生形成，到前后《赤壁赋》的登临怀古，再到鸿篇巨著《徐霞客游记》对文化的探微，文化和旅游的融合可以从历史中找到“最为古老”的源头。

基于文化和旅游天然的耦合性，早在机构改革之前，西湖区的非遗和旅游也已悄然牵手。2005年，西溪国家湿地公园建成开园，出于保护文化遗产和丰富旅游内涵的初衷，恢复花朝节，举办龙舟文化节和火柿节，引入西溪贵山窑陶瓷艺术馆和小花篮竹编铺等一系列“非遗＋”措施被逐一实践；省级特色小镇、新晋“AAAA”景区龙坞茶镇，每年举办西湖龙井“开茶节”，每逢清明谷雨之际，吸引了海内外众多游客前来闻香品茗；作为首批浙江省非物质文化遗产旅游经典景区的宋城，通过真人演绎的形式，让更多游客接触和体验了宋代民俗文化。可以说，非遗保护载体开拓的旅游化和旅游产业内涵拓展的文化化倾向，让西湖区非遗和旅游的牵手水到渠成。

2019“文化和自然遗产日”浙江主场城市（杭州）系列活动开幕式在西溪国家湿地公园举办

2019年“西溪花朝节”

2019年西湖区“开茶节”非遗展示

兰里景区里的“西溪小花篮编织技艺”非遗体验

一、非遗和旅游融合的背景

史是城之根，文是城之魂。2018年7月，文化和旅游部部长雒树刚在全国非物质文化遗产保护工作先进个人和第五批国家级非物质文化遗产代表性传承人座谈活动上提到，“非遗是文化多样性的重要体现，很多人正是因为文化的多样与差异，因为着迷于各地多姿多彩的非物质文化遗产才有了旅游的需求”。非物质文化遗产与旅游业融合发展是产业融合大趋势下的产物， 旅游业的发展为非遗的传承提供了新的空间和机遇，非遗的阐发也为旅游业的可持续发展提供了丰富的内涵和内在动力。旅游为非遗插上了翅膀，而非遗又为旅游注入了灵魂，两者作为外在驱动力和内在驱动力，相辅相成，相互促进。因此，“非遗＋旅游”是传承非物质文化遗产、丰富旅游文化内涵，促进文化价值和旅游价值相互转化的新途径与新方法。

二、非遗和旅游融合的政策支持

2019年1月18日，西湖区文化和广电旅游体育局正式挂牌，标志着西湖区文化和旅游的融合发展迈入了新纪元，文化和旅游资源共享、优势互补、协同并进的新局面由此拉开了序幕。作为文化事业、文化产业重要组成部分的非物质文化遗产保护也开启了新的征程。

其实，西湖区文旅融合发展核心理念和思路确立已久，非遗和旅游融合的政策支持、导向也在逐年增显。2017年11月，西湖区政府办印发《西湖区旅游全域化发展实施方案》，提出产业融合“旅游＋文化”重点任务；2018年6月，西湖区政府办印发《杭州西湖文化旅游投资集团有限公司整合实施方案》，将其主要职责之一定位为“深度引导开发文化旅游资源，充分发挥文化旅游产业融合发展的带动作用”；2019年6月，西湖区委办、区政府办印发《西湖区2019年度全面推进文化兴盛行动实施方案》，提出“充分发挥文化和旅游相互融合、相互促进的特点”的目标任务。这一系列政策文件的出台，给探索推进非遗和旅游的有效融合、深度融合、有机融合提供了制度支撑和政策保障。

三、西湖区非遗和旅游融合的做法和措施

历史文化悠久、人文底蕴深厚的西湖区，拥有83项国家、省、市、区级非遗代表性项目和37名非遗传承人；有浙江省非遗旅游经典景区2个（杭州宋城景区、西溪国家湿地公园）、浙江省非遗宣传展示基地1个（杭州西溪湿地非物质文化遗产基地）、杭州市非遗宣传展示基地1个（杭州西溪贵山窑陶瓷艺术馆）、杭州市民俗文化村3个（三墩镇绕城村、转塘街道外桐坞村和桐坞村）；辖区内还有西溪国家湿地公园等国家5A级旅游景区和西山国家森林公园、宋

城、兰里景区、龙坞茶镇等知名景区景点。

为了使非物质文化遗产的生命力得以强化，进一步助推非物质文化遗产事业在当下的可持续发展，及时加大非遗传承保护和旅游产业发展的融合力度，更好地释放非物质文化遗产的旅游价值，西湖区进行了一番大胆的探索与尝试。

❶ 举办系列宣传展示活动，推进“非遗＋旅游”的理念融合

2019年是文旅融合之后的首年，西湖区在“AAAAA”景区西溪国家湿地公园隆重举办2019“文化和自然遗产日”浙江主场城市（杭州）系列活动开幕式，以“文旅融合　浙江实践”为主题，动员全民参与文旅融合的大背景下文旅资源的创新转化、文旅事业的协同推进和共同发展。此外，西湖区还利用“开茶节”“全民旅游日”“花朝节”“五一国际劳动节”“十一国庆长假”等旅游节庆活动，组织“诗和远方”非遗展演，邀请非物质文化遗产项目和代表性传承人参与宣传展示，在全社会营造“文旅融合”“非遗＋旅游”的大氛围和大环境。

❷ 加强全方位知识体系的构建，加快人员队伍的意识融合

在全区层面，西湖区组织了“西湖大讲堂”系列培训，通过文学、历史、宏观视界、“互联网＋智慧城市建设”等多门类课程的学习，为全区所有领导干部特别是文旅系统业务干部开阔视野，为进一步探索“非遗＋旅游”的新思路提供知识储备；在主管部门层面，西湖区文化和广电旅游体育局组织“文旅大讲堂”培训活动，由文化、旅游相关科室就业务知识进行全局性培训，也为非遗和旅游业务、人员之间增进相互了解搭建了平台，让两者在“知己知彼”的情况下进行沟通和互动；在基层层面，举办全区文旅系统业务干部培训，组织镇街、村社近200名工作人员进行非遗和旅游融合的业务培训，树立融合的意识和理念。

❸ 促进渠道和平台资源共享，实现非遗和旅游对外推广的融合

以“龙坞茶镇——浙江特色小镇海外推广展”为平台，结合西湖区非遗资

源特色，通过活态演示、静态展陈相结合的方式，促进龙坞茶镇在海外的艺术展示、人文交流和旅游推广。以“旅游推介”活动为契机，组织非遗项目和传承人赴湖北恩施开展非遗般的情意——2019西湖·宣恩非遗走亲活动，促进了两地非遗工作交流，有效提升西湖区非遗在省外的影响力与社会知名度。在奋力打造全域旅游示范区的过程中，充分挖掘非遗资源，将其整理、转化，作为有机旅游产品和特色体验，如建设龙坞茶镇成茶文化综合体验型景区，让西湖龙井手工炒制体验成为旅游市场新宠。

④ 探索“智慧大脑”一体化管理模式，加快非遗和旅游大数据融合

在西湖区旅游大数据平台中，开放接口，积极融入非物质文化遗产资源、项目和传承人等数据，打通数据库，实现资源整合，为下一步全方位地推出“非遗＋旅游”服务和产品，推进“非遗＋旅游”服务的智慧化、智能化，满足预约参观、智慧导览、体验分享等多种需求做好基础技术的支撑。依靠互联网资源，通过微信公众号“西湖文旅发布”等向游客发布非遗、民间文化的介绍以及体验、产品供给信息，比如根据时令为游客积极推荐端午龙舟节、火柿节、五一特色立夏活动信息，制作开茶节“探春手册”等。这样一来，既能为游客提供全方位的旅游体验信息，也让西湖区的非物质文化遗产进一步深入人心。

⑤ 加大力度扶持非遗传承人，让非遗传承人享受文旅融合的服务成果

利用文旅融合的契机，在已有的走访慰问非遗传承人、发放补贴、召开座谈会、组织体检、举办技艺展示、组织专题采访报道等基础上，创新服务传承人形式。2018年全民旅游节，西湖区邀请非遗传承人、工匠代表等前往宋城和西溪湿地参观学习，让他们共享西湖区旅游发展和美丽乡村的建设成果。此外，充分发挥文化旅游资源联合优势，构筑合作平台，为非遗传承人创造良好的工作环境。2019年10月初，“越窑青瓷烧制技艺”传承人甄景虎工作室经过近四个月的建设，成功落户西湖区兰里景区，成为西湖区新晋的网红打卡地。这一次成功的合作，不仅让非遗“活了起来”，项目“振兴起来”，也让景区“旺了起来”，游客“留了下来”。

四、非遗和旅游融合今后努力的方向

非物质文化遗产包括传统技艺、传统美术、民俗、民间文学、传统音乐、传统舞蹈、传统戏剧曲艺、传统体育、游艺与杂技、传统医药等十大门类，与旅游“吃、住、行、游、购、娱”六大基本要素十分契合，因此如何将非物质文化遗产进行生动地转化，弹奏出一首互助、合作、理解、共赢的“非遗＋旅游”的和弦曲值得我们深思。

❶ 努力提升服务，优化“非遗＋旅游”新体验

一是借助数字化技术手段，推动非遗资源和旅游资源全融合。互联网技术的发展为非遗和旅游融合提供了新的动能，服务体验也得以升级。在摸清非遗和旅游资源基础上，下一步将非遗体验作为在智慧化旅游专线中的特色服务加以打造和推广，让游客可以通过移动终端制订非遗体验计划。二是促进设施场所定位更新、功能升级，推动非遗普及和旅游服务深度融合。将公益性、普及性的非遗场馆打造成旅游目的地和打卡点，增加互动性、体验性，更新景区部分场所作为区非遗馆的延伸，吸引更多的游客前来参观，提升本区非遗的影响力。

❷ 结合乡村振兴，建设“非遗＋旅游”新样板

一是加强对农村传统文化和旅游融合的有益探索。挖掘农村传统文化，利用周边景区的辐射效应，以建设文化礼堂、打造民俗文化村为契机，致力探索村社文旅发展模式，在全区内散点成线，以线带面，建设成供游人听、看、学的旅游小栖点，带动村级经济发展，实现社会、经济和文化三重效应。二是利用非遗资源赋予乡村民宿独特的文化灵魂。非遗作为嵌入当地经济、社会和生态环境的重要元素，与人们日常生活息息相关，对旅客感受当地社会发展、人文历史和风土人情起到较大的影响。将民宿与非遗嫁接起来，为当地文化资源开辟一个新的交流展示平台和渠道，在实现文化的经济价值的同时，也体现了旅行的文化价值。

❸ 注重特色挖掘，创新“非遗＋旅游”新亮点

一是形成“赏非遗、玩非遗、学非遗、购非遗、吃非遗”的旅游产业链，将非遗及其衍生品与旅游市场接轨，增加其经济附加值，解决非遗项目受众萎缩、传承断代、产业薄弱、与现实生活脱节等问题，结合景区人流、物流、信息流、资金流等优势，推广非遗，培育消费热点。二是组建景区非遗艺术团，在传统舞蹈、戏剧、曲艺、体育、游艺和杂技等基础上进行改造，打造符合现代人审美的精品非遗节目，改变旅游产品同质化的同时，推广传统文化。三是将非遗传承作为研学旅行的一个主题，打造非遗传承新课堂。配合景区，打造研学旅游基地，集非遗旅游、研学、展示、销售于一体。四是瞄准“节庆＋旅游”热点，将打造、培育非遗品牌节庆活动作为带动全域旅游发展的新引擎。充分利用西湖本土文化元素和资源禀赋。突出地域特色，举办特色节庆活动，不断提高节庆活动品位和档次；设计出更多群众喜闻乐见、乐于接受的活动项目以提高参与度，并密切当地居民和游客的关系，创造良好的节庆氛围；扩大节庆活动的对外影响，在宣传造势上下功夫，提升非遗的知名度、关注度。

五、结语

正如国务院机构改革方案中提到的那样，组建文化和旅游机构，将增强和彰显文化自信，统筹文化事业、文化产业发展和旅游资源开发，提高国家文化软实力和中华文化影响力。因此如何走出一条独具特色的非遗旅游融合发展之路，作为新时代的新课题已呈现在我们面前。

面对这一课题，西湖区在“非遗＋旅游”的实践中积极探索，以期在“保护为主”的前提下，进行科学合理地开发利用，不断提高保护传承水平，增强非遗的表现力和吸引力，维护和拓展非遗的生存与发展空间，也为本区的相关旅游业取得丰硕成果并能获得可持续发展构筑了坚实根基。

西湖区非遗和旅游的融合发展正蓄势待发，未来还有更多的方向等着我们去发现，更多的可能等着我们去实现，在文旅融合的大趋势下，我们将紧紧围

绕党的十九大提出的“弘扬优秀传统文化，坚定文化自信，推动社会主义文化繁荣兴盛”精神，纵深推进非遗旅游融合发展工作，加速推动“非遗旅游”新时代的到来。让我们共同期待非遗保护和旅游发展更加美好的未来，让心之所向成为身之所往。

（作者：洪烨丹）

萧山昭东剪纸在文旅中寻求创新

近两年，文化和旅游部的组建以及各地文化和旅游机构改革的完成，开启了文化与旅游融合发展的新篇章。文化是旅游的灵魂，旅游是文化建设的重要载体，是文化交流的重要纽带。以大、中、小学生为主的群体对旅游地的历史文化背景和特色民风民俗的关注度不断提升，作为与群众生活密切相关、世代相承的传统文化表现形式，非遗蕴藏着传统文化最深的根源，保留着形成该民族文化的原生状态。

非物质文化遗产在文旅融合中焕发生机，它是生活的华彩乐章，是传承和发扬优秀传统民族文化、与时俱进创新的文化精华，是可以带给世界美好景观，带给人类美好生活的宝藏。每一项非遗技艺都经历了岁月沧桑，饱含着历史风雨，凝结着情感和知识。

瓜沥镇明德学校以中国传统民间剪纸艺术为办学特色，弘扬本土文化，创设剪纸教学实验基地、非物质文化遗产传承基地，以此来弘扬和发展我国传统文化的价值。于是，我们创建了“昭东剪纸”特色课程。

名为“昭东剪纸”，是因为学校所在地原为瓜沥镇昭东乡，在昭东一带，凡逢年过节或遇喜庆婚宴，当地人都会粘贴剪纸元宝、福禄寿喜及喜花等以示庆祝，家家户户都有剪纸的习惯与传统。随着时代的变迁，“昭东剪纸”在民间逐步萎缩，濒临失传，为挖掘和保存“昭东剪纸”这一传统的艺术瑰宝，学校将剪纸引入校园，力求传承和发扬剪纸文化。从1998—2009年，二十几年来，我们走过了一条“从无到有，从有到优，从零碎到系列开发，从平面运作到立体推进，办学特色与文化交流、旅游发展三者有机结合、全面提升”的传承发展之路。

一、重开发，探寻剪纸生活化

剪纸来源于生活，无论内在的含义，还是外在的艺术造型，每一件剪纸作品都流露出人们对美好生活的向往与追求。现代的剪纸艺术随着社会文明的发展，广泛应用于人们的生活，与现代生活相融合，成功地将民间艺术推向日常生活中的各个领域。我们探寻生活化剪纸的表现形式，用剪纸的手法与各种造型材料相结合，创作各种各样的剪纸衍生品，并对其进行实践研究，来颠覆传统剪纸的形象，将其运用于生活，使剪纸衍生品在无形中拉近非遗与人们生活的距离。

创新生活化剪纸内容，找到生活化剪纸的途径。在剪纸教学中，引导孩子从最熟悉的生活物品、人物、事物中挖掘剪纸创作的灵感，鼓励孩子探寻实践，将剪纸与各种造型材料相结合制作，从平面造型向立体造型转变，体现空间感与立体感，展现剪纸之美，让生活化的剪纸在孩子们的指尖绽放。

服饰：最简单的T恤上，粘贴上孩子们自己设计的剪纸纹样，干净又大方，既好看，又有创意，且不重样；演出服饰，根据音乐的内容与歌词，选择剪纸纹样与服饰款式，将剪纸与服饰完美搭配，尽情展示剪纸与音乐的情怀；走秀长袍，长袍上有脸谱、人物、植物、动物等纹样，将中国传统文化元素相互融合，展示剪纸的印衬之美。

帽子：无论是运动帽还是沙滩帽或其他帽，孩子们根据帽子的形状特征，配上相应的剪纸图案，帽子也因此变得喜庆吉祥，时尚美观。这些都会是孩子们的最爱，他们戴着自己设计的帽子，无比自豪。

雨伞：使用透明雨布的雨伞或者纸伞，根据伞的形状设计各种具有寓意的吉祥纹样，如蝶恋花、花开富贵等等，让雨伞变的别具一格。

坐垫、抱枕：在棉麻制品或者丝织品上，添加剪纸作品，制作成的椅垫、抱枕独具匠心，喜庆别致。孩子们午睡时可以靠着抱枕，既舒适，又给班级增加了一道风景线。

果壳盆：用扑克牌或者硬纸板制作果壳盒，再剪出各种小动物，如十二生肖、四季花等小型剪纸纹样，粘贴于果壳盆四周，也可运用吉祥团花作底，增添喜庆气氛。

灯箱不仅是照明工具，也是很好的展示作品的道具，将作品粘贴装裱在灯上，透过灯光，能展现出剪纸作品的另一种镂空美。将透明的塑料薄膜或者白色的卡纸制作成立方体，中央插入白炽灯，在底部留个小口或者缝隙，连接插座，然后在各个面上粘贴学生设计的各种剪纸，此造型美观大方别具一格。

茶具：将小图案剪纸粘贴在茶杯、茶壶、杯垫、茶叶罐上，给茶具增添新意，既美观又实用。也可用三角折纸折茶壶、茶杯，将剪纸纹样制刻在塑胶茶垫上，已开发生产出产品，销往市场。

环保袋：现代人使用手提袋、纸袋、手机包、零钱包等包包的概率非常高，将剪纸作品与各种环保袋融合，既美观又实用。

扇子：扇子分团扇、折扇两种。平时教学中，我们主要教授以下三种制作方法：第一种方法是学生将剪好的剪纸直接粘贴在空白的扇子上进行装饰；第二种方法是以整张剪纸作品作为扇面包裹在扇架上，这种扇子既完整又美观，可直接作为礼品馈赠或成为商品售卖；第三种方法是整把扇子都用纸进行制作，扇骨、扇架用厚纸进行雕刻，仿制成竹片扇，再串联在一起。

摆设：剪纸作品通常分成两类装饰。一是镜框装饰，最常见也最普通，将学生精心设计剪刻的作品用各类合适的镜框进行装裱，使其美观大方高档次。二是摆台装饰，市面上有无数种摆台的式样供我们选择，只需将作品更换一新。我们也会根据作品的形状、大小来自制摆台，使其更有特点，更凸显出作品的价值与魅力。

家居用品还有很多很多，它们都是我们灵感的源泉，比如餐巾纸盒、手机壳、各种罐头瓶子、花瓶等等，在现代产品中，把剪纸艺术融入老百姓的家中，不但迎合了百姓的审美需求，也使剪纸艺术有了它的审美价值与实用价值。

学习用品：最接近孩子的生活，笔筒、笔袋、笔、书签、信封、明信片等等，剪纸可以运用到生活的方方面面，使得传统的东西变得更时尚，更有创意，给古老的非物质文化遗产插上翅膀，让传统的技法和创意的工艺适应当今时代的审美，丰富现代视觉传达语言，让非遗项目进入我们的现代生活，丰富人们的精神世界。

创新开发剪纸衍生品，在教学中实现活态传承，不但丰富了学生的想象力，也挖掘了学生剪纸创作的灵感，打破固有观念的禁锢，在纸上做文章，推动剪纸技艺创新；在材料选取上也不再局限于纸张，还可以在树叶、皮、布等上面创作，推动创作载体的创新；拓展了传统剪纸的功能，为生活服务，推动功能的创新，使剪纸向文创产业转化，让“非遗＋文创产品”的融合成为趋势。

我们在生活中弘扬，在实践中创新，文化的生命在于传承，最好的传承就是通过市场，植根于人们生活和实践。设想：剪纸作为非物质文化遗产之一，有着大众化、易普及的特点，学生创作的剪纸作品，以它独特的文化形态，塑造出一系列个性化的旅游产品，成为旅游产品差异化、特色化发展的内在支撑，使剪纸在文旅融合中焕发生机！

二、重展示，点亮生活环境

我们生活的环境中，首先接触的是家，是学校，再是社会，在家中布置剪纸屋，悬挂自己创作的剪纸作品，是装饰，是美化。在学校，我们创新发展，建设完整一体的剪纸课程学习区。

学校设有剪纸文化体验区，2017年重建“剪纸作品陈列馆”，将师生经典的剪纸作品按系列进行归整，在陈列馆中予以收藏。

学校设有剪纸技能学习区，设4个专用剪纸教室，保障了剪纸校本课程和剪纸社团的开展，保证了传承剪纸教学的场地。

学校设有剪纸作品展示区，每个楼层都有“校园剪纸艺术长廊”，每班都有“剪纸园地角”，每室都有“剪纸宣传窗”，每生都有“剪纸作品集”。

学校设有剪纸成果宣传区，通过每期的《明德纸韵》校报，学校剪纸网站、校内大型室外电子屏以及借助各级媒体报道，宣传特色办学成果。

我们通过共置剪纸角，共设剪纸窗，共筑剪纸墙，共创剪纸室，让每个孩子都有展示自我的空间，在浓浓的剪纸氛围中追求更高的艺术熏陶，同时增强青少年对非遗文化剪纸的保护意识，切实让剪纸技艺传承“活起来”。

三、重交流，提升文化品质

学校要提升办学品质，必须立足原有资源，深化课程改革，创建学校品牌。多年来，我们积极参加省、市、区各级层面的交流、展览活动，充分展示剪纸课程的成果。2012年，学校被确定为杭州市文化惠民服务点，到现在已经与8个村、4个社区建立了惠民服务，我们开展公益性的8项展赠活动。

❶ 展赠，增强了人们的幸福感

新春佳节送“福”：每逢新春佳节，学校老师带领学生，给市民朋友们送上喜庆的剪纸作品与“福”字，把新春的祝福与喜悦带给他们，预祝来年幸福安康，事事如意。

元宵佳节送“灯”：每年元宵，我们都会在萧山江寺博物馆门口现场剪纸，制作各式灯笼，并免费教学，送去节日的快乐祝福。

植树佳节送“绿”：为进一步在全社会营造爱护绿化、保护环境的氛围，每年3月，学校都会举行一次“我爱大自然”的剪纸创作比赛。比赛要求学生们运用剪纸的形式，来表达自己对植树造林、爱护绿化的愿望与决心，从而做一个保护环境的绿色使者。学生用自己的智慧与巧手，剪出一幅幅图案精美、寓意深刻的剪纸作品，以表达美化家园、绿化祖国的热切盼望。剪纸作品送到学校附近的大街小巷进行展出，以引起全社会对目前日益恶化的环境的关注。

儿童佳节送“善”：六一儿童节前夕，学校都会到大街小巷或江寺公园等地开展剪纸作品义卖活动，义卖所得的全部款项如数捐给了区教育局红十字会，资助贫困地区残疾儿童，真正体现了学校剪纸反哺社会的善良壮举。因此，每年的六一节，便都会成为学校送“善”的一个特定节日。

教师佳节送“福”：每年教师节，学校组织学生将精心设计的剪纸作品送到退休教师的家里，给老师送去祝福，感谢老师将一生奉献给教育事业，不忘恩师，铭记于心，向老师致敬。

重阳节送剪纸作品给老人

重阳佳节送“寿”：为了让年逾古稀的老人也能感受到社会对他们的关心与照顾，九九重阳节的时候，我们多次组织学生慰问附近社区、敬老院及村里的老人。在慰问过程中，学生们用自己的巧手为老人进行剪纸表演，并把“寿”字、“福”字剪纸作品送给老人，祝老人们福如东海，寿比南山。老人们拿着孩子们送的精美的剪纸作品，笑得合不拢嘴，纷纷说："好！真好！谢谢孩子们，谢谢老师！"

新婚佳节送"喜"：昭东江南水乡，有一个传统的习俗，女儿出嫁时，在嫁妆上，如衣柜、脸盆、茶具或其他的许多物品上，都要将《喜鹊登梅》或《鸳鸯戏水》的剪纸图案覆盖在上面。而在新婚夫妇的院子里，起居室里，甚至于门上，都要贴上鲜红的，象征着幸福的"喜"字剪纸图案。为此，每当学校周边的农家有出嫁之事有求于我们时，师生们便会将《喜鹊登梅》或《鸳鸯戏水》等剪纸作品按时送到农家手中，为他们送去我们学校剪纸组的一份祝福。

元旦佳节送"新"：辞旧迎新的元旦，学校都会举行三至六年级中队迎新年创意剪纸比赛。在比赛中，心灵手巧的孩子们运用自己的聪明才智，创作《金猪迎春》《福娃迎奥运》《年年有余（鱼）》《五谷丰登》等百余幅精美的剪纸作品，并送于邻家，张贴于门栏上，受到了全体学生家长及社会各界的好评。

学生作品

❷ 展览，增强人们的文化感

我们无数次在各大博物馆、展览馆展出作品，搭建各种剪纸生活馆，供游客欣赏、参观，激发他们的视觉感官，他们想要的不是文化，而是文化感，是文化的体验，是感官、行为、思维和情感上的体验。非遗传承的生命力在于"表达"——在作品中表达非遗项目的精神和本质，呈现出既传统又时尚，既古老又新鲜的面貌，使剪纸具有持续的吸引力。

❸ 展演，增强人们的文化体验

我们到不同的场合，不同的人群中，进行现场剪纸展演、免费教学，展示不同主题的剪纸，让更多人参与非遗的保护和传承，让大众自觉进行文化实践与互动，营造出让他们参与剪纸、了解剪纸文化、感知非遗、热爱艺术的良好社会氛围。

学生参观剪纸展览

人们参与剪纸活动

❹ 交流，丰富人们的文化内涵

请进来：我们邀请专家进校指导。外聘萧山区著名民间艺人、省市著名剪纸专家来校传授技艺，提升老师的剪纸技能与素质，同时也是宣传学校，向更多的专家、名家介绍学校，把学校推出去，把剪纸推出去。

走出去：教师外出学习与交流。为了提升专职老师的专业能力与授课水平，每年都派教师参加各级剪纸培训、采风、活动交流等；带领剪纸专职教师及行政班子外出考察学习，开阔眼界，汲取经验。我们走出校园，走进社会，2018

年初参加央视小春晚东西南北中节目组的拍摄，展示了我们的特色文化。我们与社会接轨，让课程从课内走向课外，让学生从校内走向社会，将剪纸这一传统民俗文化回归民间，反哺社会，让剪纸艺术迈向一个新的层次。

斯里兰卡国际交流团

央视三套东西南北贺新年

浙江少儿台剪纸录制

争赛事：参与各级比赛活动。学校师生不断学习、创作，参加各级比赛，取得无数优异的成绩，学校也获得了二十多项荣誉，在省内外各级层面打响了“昭东剪纸”的名气！成为萧山区、瓜沥镇文化金名片。

“昭东剪纸”声名远播，知名度、美誉度日益提高，成为区域内特色品牌名校，成为区艺术特色教育的窗口学校，同时也迎来了一批又一批的参观者、学习者、交流者和旅游者，促进了萧山瓜沥旅游业的稳步增长，推动文化与旅游在更广范围、更深层次、更高水平上实现融合发展，更好满足人民对美好生活的新期待，也促进了地方经济发展，促进了文旅的创新发展和可持续发展，使文旅成为中外文化交流的重要纽带，让中华文化走出国门，走向世界。

（作者：沈雅丹）

滨江文旅融合：奔向诗和远方

杭州市滨江区位于钱塘江之南，东南临萧山，西面与富阳区隔江相望，北面正对西湖区。行政区域面积73平方公里，常住人口39.2万，下辖西兴、长河、浦沿3个街道，60个社区。滨江区作为国家级高新区，既有深厚的历史积淀，又有蓬勃的创新活力。西兴为浙东运河源头（省重点文物保护单位），东唐诗之路源头，“浙东第一关隘”，运河西岸（上街、下街）遗存众多，有可与杭

“国际滨·运河源”纪念改革开放40周年——流淌的记忆运河文化非遗联展活动

州鼓楼齐名，比鼓楼更早的铁岭关（也叫铁陵关）遗址，集2500年烟云，辞章浩瀚。长河有来氏“九厅十三堂”遗存，“三石六斗”芝麻官之民谚，曾出过许多乡贤民士，光明清两代便有384位大小官员。西兴、长河两条老街均被评为杭州市历史文化街区，与杭州河坊街、中山中路等齐名。浦沿古镇老街虽不属于历史文化街区，但也保存完好。浦沿曾为永兴县（即萧山）县府所在地，在钱塘江边有越王去吴为奴的鸡鸣渡遗址等。因而，滨江留下了丰厚的历史文化遗产。

一、工作成效

近年来，滨江区按照国家和省、市关于历史文化工作的总体部署和要求，强化历史文化保护、发掘、传承工作，梳理历史文化传承脉络，挖掘历史文化丰厚底蕴，编撰历史文化典籍，促进历史遗存和文化保护，提升城市文化品位，初步形成了党委坚强领导、人大有力监督、政府有效实施、各部门协力推进的齐抓共管局面。现已有全国重点文物保护单位1处（大运河西兴码头与过塘行建筑群，已列入《世界遗产名录》——中国大运河遗产点）、市级文物保护单位2处、市级文保点8处；历史文化街区2处（西兴历史街区、长河历史街区）；西兴过塘行码头陈列馆、长河革命历史纪念馆；非物质文化遗产保护名录省级3项、市级12项、区级39项。

❶ 加强政府主导

近年来，区政府始终将历史文化保护、发掘、传承工作作为构建和谐社会、促进城市文明的一项重要工作，并积极发挥政府主导作用，推动滨江区历史文化工作发展。区政府主要领导、分管领导多次走访、调研历史文化工作，把“传承本土文化精髓”写入了《高新区（滨江）国民经济和社会发展第十三个五年规划纲要》，在区委四届九次全体（扩大）会议上明确要“积极实施西兴古运河、长河老街等历史文化保护，传承好当地文化脉络”。为了加强文物保护，成立了由区政府主要领导任主任的“滨江区文物保护委员会”，牵头开展滨江区文物保护工作。为推动滨江区非物质文化遗产保护，成立了区非物质文化遗产保护中心，并落实编制1名，专门从事非物质文化遗产保护工作。区级职能部门各司其职，共同推进历史文化保护、发掘和传承工作。在工作中，区办公室重视档案工作，收集、保存、利用历史档案并启动地方志编撰工作；区委宣传部开展历史文化宣传，促进精神文明建设；区社发局开展非物质文化遗产保护、发掘和传承工作；区财政局按工作要求落实各项经费；区住建局认真推进文物、历史建筑保护工作；区教育局推进中小学生历史文化教育；区商务局发展旅游文化产业；白马湖生态创意城管委会组建历史文化编撰工作组，对白马湖文化进行发掘、传承、研究；各街道办事处发掘区域内历史文化，营造“传承生态圈”环境。

❷ 加强措施保障

（1）队伍不断充实。

各职能部门根据历史文化工作需要配置了相关岗位，现已有非遗工作人员1名、文物和历史建筑保护人员2名、白马湖学研究人员4名；成立区历史文化研究室，聘请历史文化研究专业人员，建立历史文化工作的专业队伍；通过挂职锻炼、学习考察、分解落实研究任务等方式，不断提高研究人员业务水平和综合素质，提升本区域的历史文化工作。

（2）经费保障有力。

根据历史文化工作发展需要，财政部门落实相关工作经费，区、街道两级财政拨付文物保护专项经费，用于历史文物修缮。近三年来，投入非遗保护经费67.6万元（其中2015年为30万元），白马湖学专项经费71.7万元，文物、历史建筑保护专项经费150万元，大运河西兴码头与过塘行建筑修缮经费3500万元。

（3）政策逐步完善。

实施《杭州市历史街区保护规划·西兴老街》《杭州市历史街区保护规划·长河老街》相关规划。加紧制定《滨江区加快构建现代公共文化服务体系的实施意见》《关于引导和鼓励社会力量参与公共文化项目的实施办法》等若干政策文件，加大社会力量参与历史文化工作的补助和扶持力度。

❸ 加强工作推进

近几年来，滨江区立足区域文化，深挖历史文化，加快推进文化传承工作，取得了一定成效。

（1）历史文化保护推进有力。

一是加大历史古迹保护力度。2014年6月22日，中国大运河正式列入《世界遗产名录》，近年来，滨江区对大运河遗产点西兴过塘行码头开展了综合整治，对永兴闸、西兴大埠头和大城隍庙进行了考古挖掘和探查。综合整治后，西兴过塘行码头专题陈列馆已对外免费开放；每年安排资金对2个历史街区的基础设施工程进行建设改造；对法华禅院、古资福桥等历史建筑进行修缮，将列入市第五批历史建筑，位于襄七房社区158号、159号的来楚生先生故居等作为历史建筑进行保留。二是开展老物件征集活动。目前已征集到近300件历史老物件，其中61件老物件已在西兴过塘行码头陈列馆进行展陈，其余200余件老物件暂存区文化馆，待区民俗馆建成后，将全部进行展陈。同时，鼓励社会力量参与历史文化保护，多次与拥有老物件的社会组织、企业和个人进行沟通对接，为下一步老物件征集工作打下扎实基础。三是开展历史文化宣传和作品创作。《天堂硅谷》报、“滨江发布”等区级媒体对滨江原住民民居旧貌、民俗活动和日常生活状态等进行记录和宣传，推出《西兴祝福》《西兴老街旧日时光》《长河老街风情》《长河老照片》《8张图，见证长河1000多年历史》《探寻滨江古建筑》等系列专题报道，反映了滨江传统风俗。以滨江区历史、区域文化名人、非遗等内容为核心，录制《人文滨江》宣传片，反映滨江历史文化风貌。举办“浙江省美丽非遗进滨江”活动，以图片展板、非遗项目活态展示、非遗文艺演出等形式，展示各级非遗精品项目。根据滨江区区域文化和非遗项目，开展文艺创编，创作了舞蹈《西兴灯笼》、相声《趣说非遗》、小品《长河箍桶》等8个历史文化文艺节目，舞蹈《长河娃》（根据非遗项目大头娃娃创编）曾受邀在上海世博会展示，《西兴灯笼》还被改编成广场民间舞蹈搬上舞

台，并获得了省级金奖1个、银奖1个，市级金奖2个。

（2）历史文化发掘持续不断。

一是开展历史文化史料整理。组织走访杭州市档案馆、萧山区图书馆、萧山区档案馆，挖掘整理滨江区历史资料，先后编纂出版了《杭州滨江区历史文化丛书》、《匏园诗集》（续集）、《钱江诗词选》等历史文化书籍，整理世遗文保点宣传资料，编印《西兴过塘行》图册。各街道相继开展镇志收集、整理工作，西兴、江二、新生等6个社区编制了村志。民间存有詹氏家谱、汤氏家谱、虞氏家谱等滨江本地姓氏家谱10份，来氏族谱1份。二是加强非物质文化遗产挖掘。组织开展了非物质文化遗产普查工作，发现非遗线索326条，公布了区非物质文化遗产保护名录39项，其中“西兴灯笼”“祝福”等12个项目被列入省、市非物质文化遗产保护名录。三是加大文保普查工作力度。在区人大代表、政协委员的关心下，在广大市民群众的参与下，散落在滨江区各社区中的历史文化遗迹被逐渐挖掘，目前，列入市级历史建筑名录的有42处，其中位于西兴老街历史街区的7处历史建筑被确定为文保单位。

灯笼制作

(3)历史文化传承形式多样。

一是加快建设非遗保护基地。以省级非遗项目——西兴竹编灯笼为主要培育对象，在西兴成校建立了非遗保护基地，每年组织开展相关培训班2次，有效培育西兴竹编灯笼编制类传承人20人。在长河小学设立长河蓝印花布教育传承基地，推出学生非遗教育实践课程，累计开课20次。二是社会力量参与历史文化传承。开展“文艺大课堂”项目，设置历史文化培育课程，培养了白马湖民乐队、谷韵文艺社等特色文艺团队和杭州之江书画院、杭州长江书画院等文化社团组织，创作历史文化传承文艺作品，弘扬滨江区历史文化。杭州印庐文化创意有限公司在白马湖生态创意城区块，筹建来楚生书法艺术展览馆。杭州睿洋科技有限公司在滨江区智汇中心大楼设立臻奇汇艺术中心，展示历史文化藏品。三是开展历史文化知识普及工作。组织区内中小学生参加第二课堂学习，在冠山生态公园、白马湖动漫广场、滨兴小区聆听滨江区情区史、人文风俗，以传统文化为主线举办中小学生“走进名人——名人伴我成长”“博物馆里寻找老底子的故事”等一系列历史文化知识普及活动。出版《古韵西陵》《让西兴灯笼亮起来》《我家住在钱塘江边》《走进长河》等乡土教材，把非遗项目、地域文化融入中小学课程。开展“非遗四进”活动（即进企业、进校园、进广场、进社区），通过展板、讲座、演出等形式，宣传普及历史文化知识，普及人群达2万余人次。

二、思路与举措

滨江不断发掘非遗文化，以“五月动漫节，十月文博会”等为代表的每年百余场展会带动了滨江的旅游新潮，今后，滨江区将以文旅结合为契机，谱写“诗”的开篇，重点抓好以下五项工作：

❶ 炒热非遗节庆

一是举办文化遗产日系列活动，通过举办“滨江区2019年非遗传承人培训班”等，征召非遗传承人及非遗热粉参加西兴竹编灯笼培训，提高传承人技艺，培养非遗新生力量；二是利用景点做热非遗，在白马湖公园、物联网小镇、钱塘江边、过塘行码头等旅游景点举办各类节庆活动，利用“五月动漫，十月文博”大型会展活动影响力，进一步推进“三月花下赏灯，五六歌赋会友，七八女红比巧”等代表性非遗活动的发展，使非遗节庆成为一种时尚，同时带动现有景区的客流量，增加周边餐饮、旅行社等旅游相关企业的收益。

2018年西兴盘扣社团被评为滨江区优秀“学习型社团”

❷ 规划非遗旅游路线

拟与相关科技公司合作，制作非遗旅游路线推荐小程序或者非遗旅游地图等。设计滨江旅游最优线路及景点推荐点，并以此为出发点规划前往白马湖公园、物联网小镇两个新申报A级景区以及过塘行陈列馆、天禾艺术馆非遗宣传展示基地等区内非遗代表性参观点的最佳路线。

“最炫非遗日”活动

❸ 挖掘非遗旅游景区

滨江区西兴作为大运河浙东段的源头，历史悠久，底蕴深厚，通过积极申报“浙江省诗词之乡”、举办“浙东诗歌汇”等活动，邀请滨江区内外文人墨客及音乐人才前来参加，增加文学界、艺术界人才的参与感和认同感，丰富地区文化底蕴，同时提高景点知名度，为后续游客引流做准备。

❹ 开发非遗旅游商品

根据浙江省旅游商品大赛的要求，滨江加快本区域非遗项目的旅游商品开发，以西兴盘扣为主的非遗项目已有初步创新成果，将盘扣元素融入发卡、胸针等日常装饰中，形式多样，深受广大女性的喜爱。以西兴竹编灯笼为主题的钥匙扣、项链、耳坠等系列非遗旅游商品的研发也提上日程。下一步拟以区内非遗项目为主题组织“滨江区非遗旅游商品创意大赛”，与优秀的企业合作，扶持非遗旅游商品生产企业，在辖区内景点对非遗绘本进行展陈，在宣传区内非遗项目的同时，也为区内非遗景区积攒客流。

❺ 打造特色文艺团队

拟组织滨江区现有文艺团队，将以洞箫音乐为主的优秀展演类非遗项目，编排成特色非遗展演节目，为滨江区非遗景区增加旅游看点，同时非遗景区的舞台也是传播滨江区非遗文化的良好渠道，需进一步体现文旅结合的工作优势。

（作者：茅嘉铖）

文旅新思路　融合新动力

——余杭区非遗与旅游融合发展的实践与探索

文旅融合发展是当今时代的一大趋势，也是贯彻落实习近平新时代中国特色社会主义思想和党的十九大精神、建设“文化浙江”“诗画浙江”的重要抓手。

近年来，余杭区挖掘运用丰富多彩的非遗资源，积极开展“浙江省全域旅游示范区”创建工作，因地制宜采取了一系列推动非遗资源与旅游融合发展的务实之举，增强余杭整体旅游吸引力，形成了多种业态、多种形式并存的非遗旅游新格局。

一、余杭区非遗与旅游融合发展的做法与成效

在全省“大花园”“美丽杭州”等战略引领下，余杭区委、区政府审时度势，围绕“良渚文化、运河文化、禅茶文化”三大文化，尤其是良渚文化，从顶层设计上总揽全局，准确把握时代脉搏，深入研究文旅发展内涵，明确“争创全省文旅融合试验区、打造全国文旅融合样板区、建设国际知名的文化旅游胜地”的发展目标，开展《余杭区文旅融合发展规划》编制工作。余杭区牢固树立“以文促旅，以旅彰文”的理念，以“科学保护、提高能力、弘扬价值、发展振兴”为主要任务，积极探索“理念融合、职能融合、产业融合、市场融

合、服务融合、交流融合”六大发展路径，取得了初步成效。

❶ 创新思路前瞻化，理念融合激发动力

文化是旅游的灵魂，旅游是文化的载体，二者相辅相成、互相促进。文化和旅游相互支撑、优势互补、协同共进，才能形成新的发展优势、新的增长点。2012年，余杭就提出了“非遗进景区、精彩在身边”的工作思路，并与旅游部门合作举办了一系列活动，如在西溪湿地（洪园）景区举办“余杭民间手艺达人会”，在良渚农夫乐园景区举办“余杭精品民间艺术传承展演”，在径山禅茶小镇举办“美丽非遗乡村行”活动等。以传统节日、民俗、传统技艺、传统表演艺术等为代表的非遗项目，具有独特的体验性、互动性、活态性，是余杭人民社会生活和情感表达的重要内容，为旅游活动增添了人文底蕴，丰富了产品供给，扩大了宣传亮点，提升了游客在精神层面的收获，拉动了旅游人气。

❷ 多方借力一体化，职能融合提升能力

为建立长效工作机制，进一步加强对非遗与旅游融合工作的领导，余杭探索成立了“争创全省文旅融合试验区”工作领导小组，由区委书记和区长担任领导小组组长，区委办、区府办、区委宣传部、区效能考评办等36家单位相关负责人担任组员，初步建立了品牌共建、活动共享、推广共赢的合作协调工作机制。通过召开联席会议、制订非遗旅游发展规划、整合工作队伍、整合行之有效的工作方法等措施，积极探讨非遗旅游协作的新趋势、新思路、新途径，深入推进职能融合，不断开创非遗旅游工作的新局面。

❸ 传承人群年轻化，产业融合迸发活力

近年来，非遗保护工作日益受到社会的关注，喜爱和坚持弘扬传统文化的年轻一代也逐步接过了前辈手中的衣钵，扛起了保护与传承的大旗。传承人群年轻化趋势，在不少项目上有所体现。这一可喜变化背后，凝聚着余杭非遗保护工作十多年来的持续努力。例如，余杭纸伞代表性传承人刘有泉之孙刘伟学，从一名设计专业的大学毕业生转身成了杭州纸伞之家文化创意有限公司的负责

人，将老手艺进行挖掘、提升，设计制作了更加符合年轻人审美要求的时尚纸伞、个性化定制高档伞，多次受邀出访希腊、法国、意大利，获得国际国内多项设计类大奖，为非遗产品线上线下销售打开了市场。由他经营的淘宝店铺成为2017年“淘宝造物节”十大神店之一。他还将自家一幢老房子设计为纸伞专题馆，开设了余杭纸伞研学体验班，吸引中小学生开展游学活动等。

④ 资源整合多样化，市场融合挖掘潜力

余杭积极鼓励非遗项目保护单位与旅游、文创企业对接合作，支持非遗企业借助文旅融合的东风做优做强，为非遗领域小微企业、民营企业融合发展营造良好环境。例如余杭区中泰街道为“中国竹笛之乡”，创建有全国唯一的“苦竹种质资源库”，成为国家级苦竹定向培育标准化示范区。中泰竹笛制作技艺为省级非遗名录项目。目前，中泰有竹笛生产加工企业160多家，制笛农民超1000人，年产值2亿多元。通过举办“水上竹笛音乐会”、竹笛制作大赛、中国竹笛艺术夏令营、乡村竹笛制作体验一日游等活动，中泰竹笛进一步拓宽了销售渠道，扩展了宣传方式。在文旅融合理念的指引下，余杭区中泰街道紫荆村创建成为省级非遗旅游景区（非遗小镇），产品在国内外市场占有率达80%以上，受到了人民日报、新华社等国家级媒体关注，成为乡村振兴的先进典型。

省级非遗旅游景区——中泰街道紫荆村举办水上竹笛音乐会

⑤ 因地制宜差异化，服务融合提升实力

余杭对不同非遗项目及其人文生态环境实行一项一策、分类保护政策，实施“项目＋生态”“精品＋普及”“传统＋创意”等不同保护模式，既促进非遗与旅游共荣共存，也推进非遗在满足群众精神文化需求和经济开发中的合理利

龙舟胜会每年端午节期间在西溪湿地洪园景区举行

国家级名录项目“径山茶宴”融入大径山国家乡村公园建设

用。例如国家级名录项目“五常龙舟胜会”，在西溪湿地保护开发工程中，这一项目融入湿地文化生态，成为旅游金名片，年年举办中国五常端午龙舟节，13年来累计吸引游客达80多万人次。国家级名录项目“径山茶宴”，在余杭区委、区政府实施大径山国家乡村公园开发建设中，融入大径山国家乡村公园开发和全域美丽大花园建设之中，定期举办“径山茶圣节”民间传承展示及茶文化体验游活动，产生了非遗与旅游互相促进的效应。

中国茶圣节上的非遗项目演出

6 传承发展现代化，交流融合焕发魅力

非遗旅游融合发展需要借助高科技、新媒体等现代化手段，扩大受众覆盖面，提升受众参与度。余杭江楠民俗糕版馆借助3D打印技术，让小学生通过短暂的培训教学就能自己动手设计制作新型糕模。传统舞蹈“余杭滚灯”与排舞、广场舞相结合，重新编排“余杭滚灯操”，让“余杭滚灯”传承全民参与，融入百姓生活，焕发勃勃生机，并荣获浙江省体坛十佳“最具特色群众体育活动项目”。为拓宽思路、促进跨界交流，余杭组织非遗传承人代表和民间艺术家赴荷兰韦尔特市进行文化艺术交流，与不同艺术门类的外国艺术家一对一跨界创作新作品，提升了余杭非遗的国际影响力。

二、余杭发展非遗旅游的趋势分析

今后余杭非遗旅游的发展，将会呈现三大趋势：

❶ 非遗旅游将成为创建文旅融合发展样板区的重要载体

余杭文化底蕴深厚，是一方宜文宜游、充满诗意的栖居之地。2019年3月27日，余杭举办“争创全省文旅融合试验区　打造全国文旅融合样板区”启动大会，众多优秀非遗项目在大会现场活态展示，成为吸引“流量”的“香饽饽”。在不远的将来，余杭规划形成“138＋N”的文旅项目体系，即以良渚文化板块为龙头，运河文化、禅茶文化、西溪文化三大板块为核心，八大文旅综合体为引擎，N个文旅项目为支撑。围绕这一目标，余杭提出把“实施文旅融合发展行动”作为“全域美丽大花园”建设的主要抓手之一，进一步促进新时代文化和旅游产业的深度融合，为全市全省文旅融合发展做出积极贡献。

省级非遗名录项目“水乡婚礼”

❷ 非遗旅游将成为余杭特色文化旅游的重要品牌

未来余杭旅游业的发展，将会更加突出良渚文化、运河文化、禅茶文化三大特色文化旅游，进一步打响三大文化旅游品牌。而这三大地方文化名片中，独具余杭特色的非物质文化遗产资源充分体现出深厚的历史文化内涵，成为其文化标识，有利于打造余杭文旅品牌IP，成为旅游产业宣传推广的重要内容。通过整体规划、分块实施、一项一策的差异化打造，这些千姿百态的非遗项目和传统文化资源，必将成为发展余杭文化旅游的重要支撑，并成为带动余杭全域化旅游战略发展的重要驱动力。

❸ 非遗旅游将成为乡村振兴和全域美丽大花园建设的重要载体

余杭径山乡村国家公园、山沟沟度假旅游、西溪湿地公园等一批旅游目的地，不仅以山水田园休闲旅游为人们熟知，更以“径山茶宴”“五常龙舟胜会”“五常十八般武艺”等国家级非遗名录项目而增添人文内涵。随着人们生活方式的进一步改变，非遗体验游将会有更加广阔的前景。作为农耕文化产物的非物质文化遗产，其“老生活”“老习俗”“老技艺”“老食品”，不仅是乡村旅游的亮丽特色，更是美丽大花园的“金字招牌”。非遗旅游，必将成为未来旅游业的重要品牌。

三、存在的问题

❶ 创新思维不足，发展理念较为传统

由于文、旅体制长期分离，机构合并前，非遗和旅游部门各司其职，业务模式运行已经形成常态，加之受传统观念影响，因而融合双方都不同程度地存在因循守旧思维，可持续发展的内生动力不强的问题。以余杭区的省级非遗名录项目“水乡婚礼”为例，该项目走进景区的时间较早，早几年间每周末在西溪湿地洪园景区进行活态展示，但由于传承人思维传统与景区经营理念有冲突，该项目进景区一度遭搁浅，后多方反复沟通协商才得以维持展示展演工作。项目传承人积极性受挫、景区投入受限，融入景区流于表面，展演形式一成不变，使得效果受到了很大程度的影响，无法实现“促旅彰文”的初衷。

❷ 融合程度不高，职能交叉各自吆喝

机构合并后，非遗和旅游部门业务岗位仍处于常态惯性之中，思想上接受了“融合”的指令，行动上却依旧是“束手束脚”的矮子。一方面是主观能动性的调动不足，更主要的方面是“融合”道路上的关节并未全然打通，尤其是业务主管部门与相关属地政府、国有企业的关系尚未完全理顺，往往出现难融

难合，或者合而不融的现象。以余杭塘栖古镇的非遗旅游线路为例，景区由非文化也非旅游性质的某公司负责管理，常常会协作难、沟通难。景区导游对非遗旅游线路知识储备较为有限，对非遗项目了解不足且缺乏对文化深度解析的能力。据了解，古镇导游群体缺乏对相关文化内容的培训学习，即使是在文旅融合大背景下，依旧依靠个人兴趣自发地进行信息搜集，旅游路线实际融合系统性不足。基础良好的官方游线尚且如此，传承人自发开展的非遗体验游、非遗研学班问题更是突出：体验内容老三样、体验环境老旧破、体验模式老套路，导致体验游不出彩、没效果，无法与旅行社等团队合作形成合力，变成自娱自乐、自我感动的“无价值融合”。

③ 传承队伍老化，开拓“新蓝海”后劲乏力

非遗旅游在很大程度上需依靠传承人的自觉参与。受传承人群年龄结构、文化程度、自身能力局限，项目发展受困，很多优质非遗资源无法突破原始技艺形成适应旅游环境的非遗产业，具体表现为展示方式可看性不足、非遗产品较为初级。近几年经培育，余杭区传承人群结构有所改善，传承人审美修养、知识结构和专业技能有所提升，但是对比希腊、日本等国，仍有明显差距。例如余杭径山禅茶文化盛名在外，以国遗项目径山茶宴为文化内核，以省遗项目径山茶炒制技艺为支柱产业，以民间茶汤会习俗为展现手段，非遗旅游整体融合已经是全区典型，在融合新阶段，径山茶也开始重视“专属文化标识”的形成与输出，比如商标设计、配套包装、茶具茶器，不少传承人几度更新，形成了自己的“禅意”风格，但就其文化内涵的承载力、民俗元素的强展示、现代时尚的表现度上来看，仍有待积淀、琢磨与突破。

④ 机制尚未健全，服务管理力量不足

非遗旅游的发展，涉及跨界融合的问题。相关政策机制不健全，服务管理跟不上，造成新景区没有新气象。余杭瓶窑镇的里窑老街，在特色小镇打造项目中，大做“非遗文章”，不仅在街区开辟非遗特色工作坊以优惠政策面向非遗传承人群招租，更是无偿提供4幢共8000多平方米的独立建筑给当地风筝制作

技艺、良渚玉雕、余杭纸伞制作技艺等非遗项目进行非遗展示、非遗体验。然而，在后续一次次对接中，小镇整体运营、业态招租、营销策略、传承人权利义务明确等方面无法取得较为明确的前景，传承人依然面临生存和经营的较大压力，使得计划方案迟迟不能落地。可见，要让非遗在旅游中“火”起来仍有很长的路要走。

❺ 价值认知有误，传承弘扬让位经济利益

非遗资源稀缺，生活方式改变，珍贵技艺凋零，在这种令人痛心的情状下，依旧存在片面追求经济利益和个人荣誉，不顾非遗的传承与弘扬，甚至破坏其原有文化生态和文化形态的现象。一是一些景区将非遗当作纯粹的谋利手段，以经济利益为导向，无视保护传承的责任，随意破坏技艺核心内涵，低俗化地迎合利益需求。对文化融入存在“利益驱使”的敷衍和“照搬照抄”的将就。当项目无法达到预期目的时，不思索对策提升项目吸引力，即停止项目合作，使得非遗进景区如昙花一现，无法维持热度。二是部分传承人过分注重用“工艺美术大师”“代表性传承人”“纯手工制作”的光环来标榜“艺术成就”和“产品价值”，不愿意对市场和产品进行研发和探索，忽视了技艺的精进和眼界的开阔。

四、推进非遗与旅游融合发展的对策建议

❶ 加强基础性调研

非遗与旅游的融合机制、政策、规划、标准的清理、对接、修订等工作，仍需要深入调研、找准方向。要加强顶层设计，规划好方向和目标。要以当地国民经济发展规划、全域旅游规划等编制为契机，提前准备，及早谋划，开展充分、深入的调查研究，总结已有经验，研究融合发展新思路，制订体现融合发展、有前瞻性的发展规划和针对性政策，积极推进非遗与旅游资源、平台、项目、活动等融合，研究解决如何推动更多非遗资源转化为旅游产品。例如，余杭的良渚文化是中华五千年文明史的重要佐证，在良渚文化的挖掘保护过程

中，相关非遗项目、非遗产品如何融入大平台、大项目建设，如何体现文化价值和文化生命力，都需要花大力气做好研究和融入工作。

❷ 提升创新性发展能力

牢固树立和深入贯彻新发展理念，是关系文旅融合成功与否的重要前提，也是传承队伍工作方式、工作内容的一场深刻变革，意味着对传统发展思路和发展方式的根本转变，也必然伴随着思想的解放、观念的更新。下一步，非遗与旅游融合发展要突破旧有观念、工作方式的限制，创新思路、找准工作的着力点，扩大交流面、提升学习力，实施“走出去”战略，让非遗传承队伍开阔眼界，实现事业的大发展。例如，针对年轻人对非遗较为生疏淡漠的现象，加强普及教育，组织非遗研学游，组建青年志愿者非遗保护团体，开展“脑力激荡”会、“非遗英雄征召令”、新生代非遗传承人评选、非遗旅游达人评选等活动。

❸ 健全融合发展机制

建立和健全制度化、规范化、法制化的长效机制，是推进非遗与旅游融合发展的治本之策。例如如何健全协调管理机制、群众参与机制、绩效评估机制、社会共享机制、人才队伍激励机制、检查监督机制等。同时也要认识到，市场是配置资源的最佳方式，也是实现非遗旅游产业融合发展的重要动力。通过市场化过程进行项目投资与运营，以吸引客商、扩大就业和满足当地居民与游客的需要，充分发挥市场这只“无形的手”的作用，才能实现非遗旅游产业健康发展。

❹ 完善融合发展保障措施

加大对融合发展的政策、资金、人才、场地等支持力度，计划出台“非遗十条”等具有操作性、前瞻性的重要举措，为融合发展保驾护航。非遗与旅游的融合，既要让游客体验非遗风采，体验民俗风情，也要让传承人得到实惠，让老百姓尝到甜头，看到希望，为乡村振兴和产业兴旺服务，为拉动内需服务，为促进消费升级和社会和谐发展服务。

（作者：高洁）

“非遗＋旅游”的富阳实践

富阳位于钱塘江中游的富春江流域，“两山夹江”，“八山半水分半田”，一川如画的富春江全长68公里，有52公里流经富阳，这里自古就有“天下佳山水，古今推富春”的美誉。富阳历史悠久，文化底蕴深厚。六千年的文明演进、两千余年的县区建设，给富阳留下了大量物质文化遗产和非物质文化遗产。目前，富阳有国家级非物质文化遗产代表性名录项目3项，省级15项，市级35项，区级118项。非物质文化遗产是祖先留给我们的财富，是生命记忆，亦是精神源泉，它在逝去的岁月里，依然滋养着当下的生活。

2019年是文旅融合发展元年，非物质文化遗产项目作为重要的旅游资源也受到越来越多的关注，这既有利于旅游的发展，也有利于非遗的保护、传承与发展。在文化和旅游部“非遗走进现代生活”“在提高中保护”“见人见物见生活”等重要理念的推动下，富阳区以非遗名录项目为核心，提炼历史文化传统，将非遗保护融入旅游精品打造，实现文旅深度融合，积极探索“非遗＋旅游”的实践模式，以“非遗＋景区”“非遗＋村落”“非遗＋精品街”“非遗＋研学”“非遗＋节庆”等形式让非遗在全域旅游中“活”起来。

一、"非遗＋景区"

非遗是以人为本的活态文化遗产，强调以人为核心的技艺、经验、精神，特点是活态流变。伴随文化与旅游的融合，再加上人们对自然景观的游览已经司空见惯，非遗的吸引力就与日俱增，将非遗项目与景区业态融合，不仅能够丰富旅游产品市场，还能将具有代表性魅力的民族特色旅游产品转化为提升旅游景区品位的重要元素，既有效延伸了旅游产品链，提升旅游档次和品位，也让非遗项目得到了活态传承，有助于吸引更多社会力量参与非遗保护工作。

"非遗＋景区"，首先是非遗项目进景区，组织传统美术类、传统技艺类项目在旅游景区展示展览，吸引游客参观。其次是组织非遗传承人进景区，并给予适当的补贴，定期组织传承人现场展示展演，吸引游客现场参与互动体验。再次是组织非遗产品进景区，对一些非遗的旅游商品进行创新研发，形成具有地方和民族特色的非遗旅游产品，既能销售当地非遗文化创意产品，又推介地方特色旅游。

富阳龙门古镇，东吴大帝孙权故里，历史悠久，文化积淀深厚，留存着浓郁的宗族氛围和独特的民俗风情，至今完好地保存着宏大的明清古建筑群。景区面积2平方公里，镇上有7000多人口，其中90%以上的居民姓孙，为孙权后裔的最大聚居地。为丰富景区活动文化内涵，吸引游客，2016年G20峰会期间，文化部门开展非遗进景区探索，在龙门古镇的明德堂、世德堂、小迷宫、厚址堂等地设立"文房""竹艺""农耕""布艺""扎制""酿酒""根雕""铁艺"等8个小院，以富阳区级以上传统技艺类、传统美术类项目代表性传承

2018年龙门庙会

人的现场技艺操作表演，并结合相关的实物陈列和图文并茂的展板辅助的形式，为期2个月的活动吸引了不少人气。此后当地政府在此基础上，以景区为依托，充分挖掘传统文化内涵，将非遗项目融入景区发展之中：恢复打铁、弹棉花、竹刻、根雕、编草鞋等老底子生活场景；设立龙门米酒、油面筋、馒头、麦塌饼等风味小吃店；周末、节假日组织剪纸、竹刻、竹编、根雕、草鞋制作等传承人在旧厅堂、老街进行展演互动，组织舞龙舞狮、竹马、魁星、扇子舞、秧歌舞、腰鼓舞进行常态化表演；另外定期举办龙门风情节、龙门庙会、孙氏祭祖等节庆活动，演社戏，做大寿，会同年，逛庙会，活动形式多样，内容丰富，吸引了不少游客，增加了景区生机和活力。

非遗进龙门——“竹艺小院”

二、“非遗＋村落”

近年来，在小城镇综合整治、美丽乡村建设过程中，富阳各地结合实际，挖掘非遗资源，恢复传统工艺，打造了一大批富有特色的民俗文化村落，非遗融合乡村建设成为一大亮点工程。

常绿镇大章村，位于富阳区南部，四周环山，南北两溪相抱，山拥水抱，毛竹资源十分丰富，为国家级生态乡村、浙江省历史文化名村，村内98%的居民姓章，是北宋嘉祐二年（1057）状元章衡的后裔。村里既完整地保留着自然生态环境和村落传统建筑，又有丰富的非物质文化遗产资源。在小城镇整治过程中，当地结合非遗资源充分利用闲置旧屋进行规划改建。在旧厅堂、文化礼堂展示大章村板凳龙、常绿纸伞，组织剪纸、竹编、草鞋、布鞋、花果制作传承人现场展演，恢复打铁、弹棉花、酿酒等工艺场景，既增添了传统文化的氛

大章村板凳龙表演

围，游客又可以在观赏过程中互动体验。结合元宵、清明、重阳等传统节日举办热闹的民俗活动，气势浩大、队伍壮观的大章村板凳龙，灯光闪烁彩旗招展，以旗、锣、伞（黄罗伞）、摇马为仪仗，威武雄壮，铳声振十里；独具特色的望清明习俗，形状各异、花式精美的米塑（花果）寄托着娘家对女儿婚后生活的美好期盼。2019年夏天，当地举办“富春山居味道山乡纳凉大会”主题活动，来这里体验非遗、品农家菜、看篮球赛成为一道美丽的风景线，当地也成为杭州、绍兴、上海等地游客前来纳凉度假的胜地，给当地百姓带来了真正的实惠。

在大力实施乡村振兴战略后，乡村旅游便出现“井喷式”增长，成为带动农民增收、推动农业农村产业振兴、推进农业农村现代化的一大动能。而那些遗落在乡间村落的非物质文化遗产也作为乡村旅游资源的一部分得到活用。

三、“非遗＋精品街”

将散落在乡村坊间、古镇里巷的非遗项目融入人群密集的都市街区，呈现在灯红酒绿的闹市街头，又是“非遗＋旅游”的另外一种探索。

达夫路，前身为市心路，后因纪念现代文豪郁达夫而改名，至今已有30余年的历史，是富阳城区中心热闹的老街区，这里承载着富阳人太多的记忆，也见证着富阳这座城市的变迁。2017年，富阳区委、区政府着力优化整合城区功能布局，老城区有机更新，正式启动精品街区改造工程，南起富春路，北至大桥路沿达夫路两侧沿线的建筑与道路景观，规划面积约为10.19公顷，全长910米。打造集文化、商业、生活、艺术为一体的综合休闲性街区。2018年6月，达夫路精品街历时8个月的精心打造正式亮相。

在达夫路精品街上，专门建立富阳“醉味道”金牌小吃楼和匠艺空间，这是在达夫路上“逛吃”“逛玩”必须打卡的两个地方，也是最聚人气的场所。富阳“醉味道”金牌小吃楼集合新登麻糍、龙门油面筋、永昌臭豆腐、常绿花果等15家特色非遗小吃。“匠艺空间”生活体验馆是将传统文化与当代艺术融合的一次创新，也是富阳首个混搭传统与当代的非遗和艺术体验空间。在1000平方米的体验馆里，竹编、布艺画、剪纸、纸伞、木船、陶艺等作品展示，传承人展演互动。展览、讲座、教育、手作体验、娱乐休闲等混搭在一起，用年轻时尚的方式，为大家创造一个学习和体验传统文化的艺术氛围，为文化创业者提供一个资源共享平台，鼓励年轻人创新创业，为非遗找到新的传承，让更多的年轻人重新了解中国的传统文化。另外在精品街上，元书纸、毛笔、东坞山豆腐皮、裱画等都有作品展示体验互动，市民可以在娱乐休闲的同时亲自体验非遗文化内涵，感知传统文化魅力。

富阳区委、区政府将以达夫路精品街打造为起点，优化整合城区功能布局，融入现代元素，统筹抓好道路提升、景观建设、商业布局等工作，将富阳文化全方位地融入城市发展之中。

“非遗＋精品街”，在打造休闲娱乐街区的基础上，让游客全方位体验非遗文化，文化旅游相融合上下游链条全部打通，从文化到旅游，从旅游到消费一应俱全，让人在都市的繁华中感受传统文化的魅力。

四、“非遗＋研学”

随着社会的发展，研学旅游成为继观光旅游、休闲旅游后的一种全新的文化旅游方式，亲历社会实践、感受传统文化魅力。将非遗与研学体验结合起来，是一次亲身感知非遗文化，体验生活本真的旅行。近年来，富阳区指导并鼓励有条件的非遗企业开展研学体验基地建设，富阳竹纸、纸伞、毛笔、传统线装书、竹藤编织等项目纷纷创建研学体验基地。

以富阳竹纸为例。富阳是竹纸之乡，有非常悠久的历史，具有一整套完整的、独特的生产工艺。古代富阳有三大名纸——元书、井纸、赤亭纸，这些纸是朝廷锦夹奏章和科举试卷的上品用纸，有“京都状元富阳纸，十件元书考进士”之美誉。2006年富阳竹纸被评为第一批国家级非物质文化遗产，2016年富阳区被评为“中国竹纸之乡”。2018年，富阳竹纸制作技艺被列入《第一批国家传统工艺振兴目录》。富阳竹纸制作技艺是我国四大发明造纸术的重要组成部分，一直以来是富阳地区对外交流的重要载体。随着文旅融合的发展趋势，竹纸企业在坚持传统工艺的基础上积极探索新的发展模式。

2019年5月，位于灵桥镇蔡家坞村的蔡氏纸坊体验研学馆布展成功，开张迎客。杭州市富阳蔡氏文化创意有限公司于2017年重建蔡氏纸坊基地，占地2.6亩，建筑面积1841平方米。蔡氏纸坊包括了手工纸生产基地、手工纸实践体验基地、手工纸特色民宿等内容，打造以手工纸为主轴的集生产、体验、研学、康养于一体的新基地。该基地以传统竹纸生产线和散落在村中的造纸遗存为核心打造纸文化观光体验区，并设置抄纸、雕版印刷、书画创作等体验课程。据了解，该基地自开馆以来3个月共接待师生研学体验2000余人次，营业额超10万元。学生既可以了解古法造纸工艺流程和工序，又能现场体验手工抄纸、烘纸乐趣，并用亲手制作的纸张练习书法或体验雕版印刷。华宝斋、富春江宣纸、逸古斋元书纸、双溪书画、宣纸陆厂、越竹斋等手工造纸企业都已建立或正在完善集学习、交流、体验、互动为一体的研学体验场馆，每年接待大量研学团队，成为富阳旅游重要组成部分。

学生参观富阳造纸基地

自2017年始，富阳尝试推出“非遗之旅——探寻造纸术”纸乡体验游活动，路线包括湖源乡新三村（湖源新三元书纸品厂）—新二村元书纸制作基地，大源大同村（富阳双溪书画纸厂—富阳逸古斋元书纸有限公司—杭州富阳宣纸陆厂—古法造纸遗址），灵桥蔡家坞村（蔡氏纸坊）—光明村（光明制帘厂），组织师生研学团队前来体验互动，取得不错的成果。

研学游，既不是单纯的旅游，也不是单纯的学习，它是一种探究性学习与教育性旅行的融合，更是文化和旅游融合的最好载体。

五、“非遗＋节庆”

中国是世界上最早使用历法的国家之一，中国人也历来比较注重传统节日，春节、元宵、清明、端午、重阳、中秋，还有少数民族的节日，传统的节庆活动为“非遗＋旅游”奠定了坚实的基础。

富阳渌渚一带历来有祭祀周雄的民间信俗，又称“周王庙庙会”“太太殿庙会”。周雄是南宋人，民间称其为孝子，并流传一系列关于周雄至孝的传说故事。每年农历三月三、九月九春秋两祭，人们抬着周雄神像到各村巡游，各村自发组织各种会班，在巡会沿途做各种精彩的民间艺术表演。孝子祭的风俗和信仰深入人心，流传至今，祭祀活动场面热闹，活动丰富：祭拜祈福、周王出巡、演戏酬神、商贸集市，形成独具特色的庙会活动，是当地非常重要的节庆活动。2014年，孝子祭入选第四批国家级非遗代表性项目扩展名录。孝道文化作为中国文明的核心文化，是中华民俗的传统美德，有关部门利用周雄这一历史人文资源，推进周雄孝文化建设，建成周雄纪念馆，建设孝子湾文化公园，设立孝子祭牌坊。近年来农历九月九，当地政府在民间举办孝子祭的基础上举办周雄孝文化节，以产业培育和农民增收为目的，以孝善体验为核心、“孝礼研学之旅”为品牌、新劳动教育为支撑，融合观孝子祭、品孝善游、听孝善故事、乐活慈善公益嘉年华等多重元素为一体的品牌活动和产业项目，打响渌渚“周雄故里、孝礼之旅”的影响力和知名度，使之成为杭州青少年孝善体验、新劳动教育的首选地，成为富阳文旅事业发展的又一张金名片。目前周雄纪念馆已经被列为青少年校外教育实践基地、社会科学普及地、浙江中华孝文化学院现场教学基地等。

2018年由富阳宣传部主办的富阳二十四节气活动，24个乡镇街道陆续以中国二十四个节气为主题，开展了“亲近传统文化，感知节气之美”的系列活动。从立春开始，每个乡镇街道一个节气，立足于各自的文化特色，开展了丰富多彩的活动。新桐的立春祭、湖源舞龙迎雨水、春建夏至称重、渔山芒种送花神、里山谷雨礼茶等活动，赏民俗，品小吃，舞龙舞狮齐上阵，活动丰富多彩，场面热闹纷呈。

深入宣传展示传统节日的历史渊源、礼仪习俗，增强传统节日的体验感、文化感和仪式感，是彰显中华优秀传统文化的有效探索。各类民俗文化品牌的打造，以丰富多彩的民俗节庆活动吸引人气，带动旅游产业，也是以文促旅、以旅彰文、文旅融合的一种和合共生的探索。

“非遗＋旅游”的发展模式还有许多，比如“非遗＋民俗”“非遗＋养生”“非遗＋特色小镇”等等，我们常说文旅融合，非遗先行，非物质文化遗产之所以能够较其他文化更容易与旅游结合，是因为非遗是活态的传承，非遗先天具有市场基因，从产生到千百年的创造、生产和销售，借助商业的力量才流传至今。非物质文化遗产源自我们的衣、食、住、行，本身具有商品属性。历史上，非遗的大众化消费群体非常多，当下则需要在现代消费环境下找到新的生存空间。在当前的机遇和形势下，要科学推进非物质文化遗产和旅游的融合，我们还需要做好以下几个方面的工作。

一是深入挖掘非物质文化遗产的历史文化内涵。非遗与旅游的融合不是简单的“1＋1”的叠加，而是深度的、系统的融合。这就需要我们对自己所拥有的非遗资源充分了解熟悉，要注意非物质文化遗产的历史性、地方性和特色性，充分挖掘非物质文化遗产的文化符号、形式、实物以及空间场所，认识非物质文化遗产文化根植的价值观念及核心思维。坚持“宜融则融，能融尽融”，因地制宜，找准非遗和旅游的最大公约数，推进非遗跟旅游的深度融合。

二是建立合理的利益分配机制和传承人培养机制。在非遗与旅游融合过程中，我们也要充分考虑非遗传承人的生活生产需求，建立合理的利益分配和传承人培养机制，解决传承人的后顾之忧，鼓励传承人带徒授艺，引导年轻人加入非遗行业中，强化非遗项目的活态传承，促进非遗与旅游工作的持续推进。

三是助推非遗项目创新转化。在坚持非遗本真性的基础上，坚持创造性转化、创新性发展，使传统的非物质文化遗产与现代生活发生碰撞或共鸣，满足游客求新求异的体验需求，以创新转化来增强非物质文化遗产的旅游活力。将非遗与旅游融合，用旅游发展来提升和展现非遗魅力，以非遗来提升游客的参与度，增加旅游的吸引力，延长游客的停留时间，实现非遗传承与旅游发展的双赢。

（作者：李莲君）

临安文旅融合，多维度打开非遗新局面

2019年是文化和旅游合并的第一年，杭州市临安区文化和广电旅游体育局坚持以习近平新时代中国特色社会主义思想为指导，深入贯彻习近平总书记关于文化和旅游工作特别是文化和旅游融合发展重要论述精神，全面领会文化和旅游融合发展的重大战略意义和现实意义。坚持"以非遗促旅游、以旅游彰非遗"的工作思路，找准非遗和旅游工作的最大公约数、最佳连接点，推动旅游工作各领域、多方位、全链条深度融合，实现资源共享、优势互补、协同并进，为文化建设和旅游发展提供新引擎、新动力，形成发展新优势。

一、临安区非遗保护的背景和意义

临安历史悠久，人文底蕴深厚，有着丰富的非物质文化遗产资源，是全省首批民族民间艺术保护工程综合试点单位。临安国遗、省遗上榜数位列杭州区（县、市）前茅，全区已有鸡血石雕、钱王传说2项国家级非物质文化遗产，昌化竹编、千洪桃花纸与宣纸制作技艺等19项省级非物质文化遗产，清明祭钱王、横畈豆腐干制作技艺等34项杭州市级非物质文化遗产，湍口索面制作技艺、睦剧等93项临安区级非物质文化遗产。作为浙江省非物质文化遗产保护综

索面文化节

合试点县，临安创新实践，开展镇级名录工作，公布了140项镇级非物质文化遗产，成为全省第一个建立五级非遗名录保护体系的区（县、市）。

在文旅融合的大背景下，加强非物质文化遗产保护，传承弘扬优秀传统文化，既是临安责无旁贷的历史责任，更是建设美丽幸福新临安的有效途径和抓手。

❶ 加强非物质文化遗产保护是贯彻落实十九大精神的必然要求

党的十八大以来，中办、国办印发了《关于实施中华优秀传统文化传承发展工程的意见》，我国非遗保护工作走过了可圈可点、至关重要的5年发展历程。党的十九大报告提出：加强文物保护利用和文化遗产保护传承。保护好、传承好、利用好、发展好非物质文化遗产，是培育和践行社会主义核心价值观的题中之义，是继承和弘扬中华民族优秀传统文化的内在要求。作为地方政府，必须积极推动非遗保护传承，促进优秀传统文化创造性转化、创新性发展，不断增强非遗的生命力和影响力。

❷ 加强非物质文化遗产保护是建设美丽幸福新临安的有效抓手

如果说经济是一个城市的形，那么文化就是一个城市的神，只有形神兼备，一个城市才能生机勃勃，充满活力。优秀传统文化是城市的独特魅力，市民文化素质和社会文明程度是城市进步的显著标志，是推动城市持续健康发展的内在力量。非遗保护不仅有利于普及和传承优秀的传统文化，塑造城市独特的文化风景和历史韵味，更能促进城市文化创意产业的发展，哺育城市独有的文化资源和文化产业，这对美丽幸福新临安建设而言，具有独特的重要意义。

③ 加强非物质文化遗产保护是满足人民群众对美好生活向往的重要平台

随着经济社会的发展，人民群众对精神文化生活的要求越来越高。非物质文化遗产是传统文化的厚重积淀，其内在的精神实质与群众内心朴素的精神追求是一致的。因此，非遗保护具有天然的内生力和吸引力，不仅能丰富群众的精神文化生活，更能提升人民群众的归属感和获得感，为城市建设汇聚向心力，激发精气神。

二、临安区非遗保护工作打开新局面

为更好地做好文旅融合下的非遗保护工作，临安区在保障原有成果基础上，积极探索非物质文化遗产与旅游相结合的有效的传承与保护措施。

① 讲好非遗故事，凸显本土新内涵

在文旅融合中讲好非遗故事，不仅能让传统节日、旅游景点及其承载的传统文化更好地与人们“亲密接触”，还能让游客领略临安文明的多姿多彩。旅游目的地也能在这个过程中增添更多文化内涵和互动性、趣味性，增加游客黏性。游客也有了更好的旅游体验，可谓一举多得。而如何在文旅融合中把非遗故事的招牌擦得更亮，讲好民俗文化的故事，则需要从业者坚守内容为王的底线，充分挖掘当地历史文化内涵，找到传统文化、民俗文化与现代社会生活的契合点，增强临安传统文化的感染力并放大其价值，将文化资源转换成特色资源，做好提炼和包装，以更多元的方式对文化内容进行呈现，讲好优秀非遗故事。在临安太湖源头风景区被列入浙江省非遗经典旅游景区后，临安多次进行民间

文学类的非遗故事普查，派普查员在太湖源镇收集整理民间文学类传说故事，收集到大小故事50多个，经过进一步讨论，在景区重点传讲《防风氏的传说》《彭祖的传说》《长寿村的传说》《昭明太子的传说》等20个精品故事。指南村，隶属于临安市太湖源镇，位于浙江临安东天目山麓，太湖源头的南苕溪之滨，紧依神龙川、太湖源、天荒坪等知名古村落，加上非遗普查时挖掘的民间故事、传说——其中将古村落的民间故事编辑成《红叶指南》民间故事集，让景区有美景可赏，有故事可听。临安文旅部门将原来在学校开展的故事培训阵地，扩大到导游、村级文化工作者层面，开展导游、村级文化工作者故事培训，让传承人有故事可讲，有地方可讲，有徒弟可带。让游客增加对临安风土人情的了解，加深对临安旅游的印象。

❷ 跳好非遗舞蹈，搭建表演新舞台

临安非遗传统舞蹈品种丰富，内容广泛，可看性强。如临安水龙、五凤朝阳、神兽花灯、横街草龙、马啸滚灯、水灯、马灯等，有20多项。传统舞蹈因为表演面不广，恢复后很容易偃旗息鼓。临安区筹集社文科团队扶持资金及非遗保护项目资金，加大对民间舞蹈队伍的投入，结合对乡镇文化礼堂考核任务，督促平时加强训练，提升表演水平，让团队在景区表演，既传承了非遗文化，又增加了景区看点。

清凉峰镇杨溪村，宋明时期是唐昌巨镇，有1000余台灶，4000多人口，时称“千家村”，有着“七十二口井，八十四条弄”之传说。元末村民陈斗龙，历尽艰辛，六年寻母，终得骨肉团聚，明世宗朱厚熜敕封陈斗龙“孝子”，建孝子祠。南宋名将韩世忠晚年隐居于此地，卒后墓葬于义干。因村里有“忠臣孝子”，故杨溪村被誉为“忠孝第一村”。村里联合文化馆将民间传说《韩世忠隐居义干的故事》改编成大型舞蹈《蕲王出征》。战旗飘飘，锣鼓雷鸣，马蹄声声，长号高奏，士气高昂……舞蹈表演的是韩世忠、梁红玉夫妇出征前沙场练兵的场景。如今杨溪村正在建设村落景区，搞旅游开发，《蕲王出征》成了一个旅游项目。非遗不仅是传统文化的表现形式，还是传统的生产生活方式，它背后蕴含着民族文化的精华，蕴藏着民族精神。

在文旅融合过程中，临安湍口镇十分注重发挥非遗表演队、传承人、志愿者的作用，积极搭建非遗展示舞台。湍口的非遗项目“昌化民歌”“耍碗”在文化遗产日上获得满堂喝彩；在半程马拉松的文艺展演现场，《三吹三打》《红毛狮子》等非遗节目更是吸引了中外选手和游客的眼球，让大家感受到了吴越泉乡的别样风情。这些独特的文化资源，成为乡村振兴的内在品质和文化气质，成为村民们永远守望的精神家园。

❸ 做好非遗展陈，增加景区新看点

在文旅融合的过程中，注重展示展览能达到较好的效果。清凉峰镇杨溪村的郎氏宗祠始建于咸丰七年（1857），抗日战争时期曾是126H抗战医院的用房。民国时期作为私立就正小学的校舍。杨溪村利用郎氏宗祠建成了浙西民俗文化馆。祠堂里陈列了几百件清代、民国时期的犁、耖、织丝车、缟车、水车等农具、生活用具，这些非物质文化遗存再现了从原始农业到现代农业的历史进程。浙西民俗文化馆展出传统的、原始的、古朴的展品，以实物为主，文字图片为辅，不但具有趣味性、知识性，让人可看、可信、可遐想、可追溯，而且它的挖掘展示，也彰显出昌化本土民俗文化中宝贵的非物质文化遗产。

类似杨溪村这样建造非遗展示馆的村落在临安还有很多。临安板桥镇上田村，以“茶香竹海、文武上田”为主题，文旅与农旅相结合，实施了“4A级村落景区”项目的建设，同时还创建“3A级旅游景区”，使集体经济得到壮大，推动上田村生态农业产业和民宿经济发展。上田村建造的村级非遗馆，是集保存、展示，传承、传播于一体的多功能省内知名的村级非遗展示馆，体现非物质文化遗产的真实性、整体性和活态性，贴近实际，贴近生活，贴近群众。非遗展示馆占地面积达2000平方米，分为十八般武艺非遗展示馆、书法展示基地，非遗传承活动区、天目学堂等功能性区域，被评为杭州市非遗宣传展示基地。2019年，上田村还成功举办庆祝文化遗产日活动，临安区的非物质文化遗产展示展览展演活动，吸引众多游客。

4 品好非遗美食，增加旅游新感受

浙西流水席——临安马啸地区特有的民俗活动，每逢有喜事主人们便会用流水宴席招待来宾。在宴会的前一两天，主人要贴出“执事单”，设总管、账房、库房、厨师、行堂、杂务等，同族帮忙的人明确分工。要摆好八仙桌，桌上先摆上碗筷及6个或8个果子盘。与普通宴席不同的是，菜肴要一碗一碗依次上桌，吃一碗上一碗，一般是16碗或18碗，菜肴以农家菜为主。流水宴中每碗菜都有文化内涵：第一碗长寿面，寓意是健康长寿；蕨子果，过去用野蕨根的淀粉配以猪肉丝炒制而成，现在多用番薯粉代替蕨根粉，蕨子果晶莹剔透，寓意是百草济世；水肉圆，是用豆腐和猪肉末搅拌做成的团子，蒸熟后加佐料制成，味道鲜美，寓有团团圆圆之意；等等。整个过程独具特色，令人难忘。

利用这独特的民俗，让来临安清凉峰、石长城、天池等地的游客，体验一下这一独特的临安昌西美食，可谓一举多得。蕨子果、豇豆干、豆腐圆子、爆米花、土米酒、冻米糖、桃酥、长寿面等这些地地道道、土里土气的特色美食，吸取大山深处的精华，每一样都让游客味蕾大开，更寄托着浓浓的乡愁。

5 办好非遗节日，加深游客新印象

非遗传承不能孤芳自赏，只有让更多的群众看到、听到、感受到，非遗传承、保护才会有更大的社会价值，才会拥有更强的生命力。因此，临安积极将非遗保护融入地方民俗与节庆活动当中，把地方节庆的盛大舞台变成非遗传承的固定舞台，节庆活动的舞台拥有更多的听众、观众。太阳东平王庙会，始于南宋时期，是太阳当地老百姓为纪念唐朝

省级非遗项目——过半年（馒头节）

大将张巡而流传的特色民间文化，祭祀当天，举行东平王、东平娘娘神像的巡游活动。如今，庙会变集会，每年农历十月廿四，来自四面八方的数万百姓到太阳参加庙会活动，成为非遗保护与传承的重要舞台，成为临安最著名的庙会之一。

结合旅游，办好各类非遗节日，临安已经逐步推广如吴越元宵灯会、清明祭钱王、清凉峰粽子节、湍口馒头节、索面节、太阳庙会、河桥庙会、潜川麻糍节等传统民俗节日。在传统节日里，搭建传统舞蹈的舞台，加大旅游宣传。如湍口镇的“过半年”“索面节”民俗活动中，红毛狮子、神兽花灯、犛灯、睦剧、青毛狮子等非遗项目精彩呈现；清凉峰镇的“粽子节”，马啸滚灯等当地非遗精品精彩上演；每年的清明恭祭钱王活动，都要表演临安水龙、上田十八般武艺等非遗精品，给来自全国各地的钱氏后裔留下了深刻的印象。

6 选好非遗礼品，获得旅游新回味

学生们体验麻酥糖制作

让游客来到临安，赏山水，看演出，品美食，当然少不了带纪念品。所以非遗伴手礼的设计也是必不可少的。2019年，临安区对非遗项目进行伴手礼设计。如：土特产类有天目云雾茶、天目笋干、山核桃、竹盐等；文化创意类有鸡血石方章、千洪宣纸礼盒、青柯鸟笼车饰、红毛狮子小礼品等。在杭州市文化礼堂现场会，临安区将富有当地特色的省级非遗项目——红毛狮子的小礼品送给与会的领导，取得了较好的效果。在杭州市传统糕点制作比赛中，临安区选送非遗项目绍鲁炭烤月饼制作技艺、昌西糕点制作技艺（桃酥）两个项目均获奖项。

杨溪村与临安旅游集散中心合作，成立了“杨溪忠孝旅游有限公司”，充分利用杨溪村的非遗文化资源，开发文旅结合的旅游项目。其中包含忠孝学堂、手工作坊（糕点房、坚果加工区）等。以挖掘本土文化为主要运营内容的手工作坊，详细地整理出麻酥糖制作流程，让客人们先参观制作流程，然后参与最后几个环节，自己动手制作。为了渗透孝文化，孩子们完成制作之后还在自己的“作品”上写上自己的名字，最后打包成一份礼包，带回去孝敬长辈。非遗给杨溪村带来了蓬勃的生机和活力，旅游业促进了非遗文化的保护，走出了一条非物质文化遗产传承保护与旅游开发融为一体的新路子。

文旅融合后，临安将非遗植入旅游发展，用旅游发展来提升和展现非遗魅力，这种方法不仅让非遗“动”起来、“活”起来，也给旅游发展注入了动力。从旅游发展来说，通过这种形式，不仅可以提升游客的参与度，也能延长游客的停留时间，这对旅游发展无疑有着积极的作用和效果。以往的旅游大多停留在观看山水、领略自然景观的层面，这种发展形式过于单一，也缺乏互动性，即便当地有着独特的自然景观，也难以给游客留下深刻的印象，更难以吸引游客二次旅游。而非遗的出现，不仅为游客提供了参与互动的机会，甚至可以给游客留下终生难忘的记忆。游客可以在旅游中了解非遗文化，学习非遗技术，甚至可以参与非遗表演或者制作一些艺术品，这对提升旅游知名度和影响力都有着深远的意义。其次，对非遗保护来说，通过这种手段也给非遗搭建了一个展示的平台，让非遗活了起来，为非遗插上了腾飞的翅膀，这样才是对非遗最好的保护和传承。

（作者：李文杰、张侠燕）

从文旅融合看钱塘新区非遗旅游开发

改造后的义蓬老街

2019年4月，杭州钱塘新区挂牌，正式登上历史舞台。杭州钱塘新区包括原杭州大江东产业集聚区和杭州经济技术开发区，托管江干区的下沙、白杨两个街道，萧山区的河庄、义蓬、新湾、临江、前进五个街道，以及杭州大江东产业集聚区规划控制范围内的其他区域（不含党湾镇所辖接壤区域的行政村），总面积达531.7平方公里。两区融合后，新区文广旅工作围绕中心、服务大局，坚持问题导向、理念引领、项目推进、系统提升，在融合发展、亮点打造、服务创新、项目建设等方面不断尝试新理念、新方式、新举措。钱塘新区的成立，使得大江东和下沙这两个区域，无论从空间、人才、平台、产业，还是配套等角度，都切实实现了“1+1>2”的效应。

随着9月份《杭州钱塘新区规划纲要（战略规划）》的正式对外发布，钱塘新区社会发展局启动了新区文旅融合发展规划编制工作，对新区内文化旅游资源开展全面普查，计划拟定文旅融合发展战略目标、战略定位、空间布局和功能分区，着力打造一江两岸文旅融合发展板块。以“建设高品质生活的生态圈，打造杭州湾人才生活新乐园”为目标，在“江滩绿谷”为统领的生态体系中，开发钱塘特色的非物质文化遗产（以下简称非遗）资源，融入勇立潮头的文化内涵，打造乡愁积淀的文化红道。

一、钱塘新区非遗旅游资源分析

钱塘江是浙江省境内最大的一条河流，也是世代钱塘人的母亲河。钱塘新区地处钱塘江湾区，生活在钱塘江畔的人们依江而居，因水而生，在与潮涌的朝夕相处中，过着“饭稻鱼羹”的生活。久而久之，这片土地便形成了带有钱塘江“文化符号”的地域个性和风俗民情，创造了丰富多彩的钱塘江文化。钱塘江两岸一些古老的传说、曲艺、技艺、民俗礼仪等非物质文化遗产，无不蕴藏着中华民族珍贵文化“基因”，共同构成钱塘人世代赖以生存的文化生态的一部分。

1 非遗资源

目前，辖区共有非遗项目15个，包括省级一个（萧山萝卜干制作技艺）、市级四个（杭绸织造技艺、龙鳞装技艺、下沙大麦烧传统酿制技艺、草舍搭建技艺）、区级十个（北沙廿四锦、孔凤春香粉制作技艺、箍桶技艺、佛像雕刻技艺、棉花手工弹制技艺、甜酱制作技艺、蒸笼塔制作技艺、抢潮头鱼、霉制食品制作技艺、“十碗头”宴席），每一个项目，都有着很深的钱塘文化印迹，显示着这些非遗项目都是钱塘出品。

草舍

棉花手工弹制技艺

下沙大麦烧

如下沙大麦烧，多年来一直小有名气，入口绵甜，回味悠长。制作大麦烧，从蒸煮大麦到小坛发酵，都讲究自然酿造，充分利用自然条件。当坛口用塑料膜一糊，坛子里奇妙的生化反应就开始了，发酵酶和糖化酶开始魔法般地将大麦分解，再分解……蒸馏过程中，蒸汽量讲究“缓汽蒸馏、大气追尾”，取酒操作“去头掐尾”，只留下中段的精华。最后装坛，先铺一层荷叶，盖上一个缸盖，再铺一层竹壳，最后糊上封坛用的泥，一坛集结了自然与情感的大麦烧酒就成了。

又如钱塘江板盐制作技艺，主要是利用钱塘江下游的沙滩白地，在涨潮时吸储含盐分的江水，进行晒制而产生的盐。其历史悠久，工艺独特，以盐泥为原料，有别于以海水为原料，是在咸泥堆成坨头经稻草过滤的淋卤；用板晒，不同于盐水直接晒制，是在门板大小的杉木板的四周加上木板，再倒进卤水晒制。此项技艺传承谱系繁杂，为集体项目，在历史传承中以“带头大哥”为主的传承人往往发挥着重要作用，此项目在全国制盐业中都独具特色。

除了劳动人民在悠久历史中总结出来的各种特殊技艺之外，钱塘江畔还流传着许多独特的风俗民情。首先就是观潮习俗，钱江涌潮是世界一大自然奇观，为古今中外观潮者所倾倒，谓为“天下奇观”。钱江观潮始于汉魏（公元1世纪至6世纪），盛于唐宋（公元7世纪至13世纪），历经2000多年。农历八月十八，是流传已久的钱塘观潮节，也被民间奉为“潮神生日”，历代相传，形成盛会，观潮因而成为一个钱塘江畔具有丰富地域文化内涵的传统文化习俗。

另外，在潮水汹涌奔腾时，这片土地上还有抢潮头鱼的习俗。在每年的夏、秋季节大潮汛来临之际，抢潮头鱼的人就在离堤塘一二里之外的沙滩上守候，等到远处的潮水像白练似的一线横江，滚滚而来，当潮头只有二三米远近时，便立即起动，踩着脚底下一层薄薄的江水，在一线潮前头飞快地奔跑，看到有鱼，就转身一跃跳进潮中，用潮兜用力一捞，再迅速地跳出潮头。抢潮头鱼的风险很大，对抢鱼者的水性和技巧都有极高的要求，这样一个惊险的习俗，却随着岁月的流逝而在钱塘江边延续了下来。

钱塘新区这块地域有着悠久的“潮”文化，其中蕴含着丰富的精神内涵和特有的文化价值，传承、保护和发展好钱江潮文化，是新区人民义不容辞的共同责任。在当前文旅融合发展的大背景下，要以高度的文化自信和文化自觉，把优秀传统文化与现代旅游业发展有机结合起来，传承文化基因，激发文化发展活力。落实拥江发展战略，加快打造钱塘江沿岸城市带、景观带、生态带和文化带，把之江东路的“之”字写得更优美、更雄厚、更恢宏，使钱塘新区这座新城的文化气质和独特韵味更加凸显。

2 存在问题

一是资源不多。钱塘新区非遗资源偏少。主要原因是钱塘江历史上经过三门变迁，钱塘江道走北大门，固定江道在乾隆四十二年（1777），至今不到300年。大江东区域，大部分是围垦区域，围垦区域从1968年一工段开始，总面积近50万亩。原经开区（下沙）区域，自1953年开始围垦，总围地10万余亩。总体来说，钱塘新区属于新生的土地，大部分区域，历史不过几十年，历史文化遗存较少。且原分属江干、萧山两个区，原上报非遗都是以江干、萧山为主体，且目前大江东区域的非遗，还属萧山管理，需要整体划转。

二是挖掘不深。因下沙、大江东较为偏远，除资源少、上报少之外，整体受原区政府重视不够，归属新区后，因限于人力、财力、资源，尚没有建设专门的非遗中心，没有专门的展示场馆，对非遗的挖掘也不够深，资料占有量不多，整体以传统技艺类型为主，多是“单打独斗”或“家庭小作坊”的模式。

三是宣传不够。钱塘新区对非遗项目的管理力量不够集中，整体推介、宣传力量不够，力度不足。目前钱塘新区还没有独具特色的区级公共文化场所和非遗展示展览场馆。除个别项目，像大麦烧、廿四锦、抢潮头鱼等单独做过宣传外，没有全面对区域内的非遗项目做过整体的梳理、包装、推介和宣传。

四是融合不足。钱塘新区融合之后，由于辖区旅游工作尚处于起步阶段，非遗与旅游的融合，还处于谋划阶段，没有真正形成点、线，与旅游的融合还没有真正推进，需要进一步谋划研究。

二、非遗与旅游融合的价值内涵

文旅融合目前已成为新时代旅游业发展的重心和方向，在文旅融合的背景下，包含传统技艺、传统美食、传统戏曲、民俗文化、地域特色等历史文化内涵的非遗也在发挥着越来越重要的作用。随着文旅融合趋势进一步增强，如何从产业融合的视角理解非遗和旅游的关系是需要深入探究和思考的重要命题。

1 非遗与旅游融合促进文旅资源整合

文旅融合，尤其是非遗资源与旅游通过交叉渗透和整合重组，将进一步突破传统行业的限制，推动产业跨界合作，形成新的非遗旅游产品业态和产业体系，共生共赢。一方面，非遗和旅游融合发展不是简单的要素叠加，而是非遗和吃、住、行、游、购、娱各种要素有机融合，从而加深旅游产业的文化内涵。通过拓展“旅游＋”模式，实现非遗、旅游与农业、工业、信息等其他产业的交互发展。如推进“旅游＋非遗＋农村”，依托农村丰富的非遗资源和美丽乡村建设政策，将旅游开发、非遗产品开发和乡村建设结合，开辟乡村旅游路线，体验田园风光和乡风民俗；推进“旅游＋非遗＋信息”，结合非遗旅游和信息宣传产品，通过新闻、出版、广播、电视、新媒体等信息行业，将非遗资源转化为非遗旅游产品和讯息，扩大社会知晓度。另一方面，随着文旅融合的发展，在市场的推动下，先进技术、人才和资金将不断涌入非遗旅游行业内，为非遗再生产性保护构建更多机会和平台。诸多现代技术如大数据、虚拟现实、智慧旅游等新技术可以为非遗的保护传承与创新发展提供更多的科技智力支持。而市场投资主体的多元化发展也将改变目前非遗保护中政府是最大投资主体的状况，吸引更多社会资本和力量参与非遗的保护开发，为非遗发展注入新鲜血液。

❷ 非遗与旅游融合提升旅游产品价值

随着旅游产业规模的不断扩大和旅游者需求的多元化，游客对旅游产品体验性、知识性、文化性的诉求日益增强。旅游产品，首先必须具备足够的吸引力，其次需产生一定的经济、社会或环境效益。非遗作为人们世代传承的文化精华，是历史传统、文化变迁和群众智慧创造的体现，本身具有极高的历史文化价值、艺术价值、科学价值和经济价值。非遗资源的独特性和丰富的价值内涵更能满足现代游客注重活态体验的诉求，构成潜在的旅游价值，可以与日益繁荣的旅游市场进行优势互补。在融合过程中，通过价值创新，非遗资源将适应不断升级的消费环境，衍生出融入现代生活的非遗旅游产品与品牌，将成为文化旅游的核心内涵和文旅产业发展的推动力之一。非遗提升旅游产品价值，产生显著的经济效益和社会效益，旅游则促进非遗的传承交流，带动对非遗文化的有效保护，从而进一步推动非遗旅游业高质量发展，形成涵盖非遗产业和旅游产业核心价值的新价值链，释放更强的能量，取得“1＋1＞2”的叠加效应。

❸ 非遗与旅游融合推动可持续发展

文旅融合坚持“宜融则融，能融尽融，以文促旅，以旅彰文”这一原则，坚持系统性谋划、体验式传承、品牌化发展、动态性优化的发展路子。充分利用非遗本身的生活属性、活态属性、技艺属性、艺术属性、娱乐属性，深入发掘其丰富的审美体验，彰显其情感魅力，体现其娱乐功能，让文化旅游能切实提供活化体验。通过打造非遗节品牌，建立非遗旅游主题公园、主题餐厅等措施，开发一系列非遗旅游产品和活态体验线路，推动非遗和旅游各领域多方位、全链条深度融合。融合过程中，不仅考虑游客体验的资源，更要顾及当地居民的生活需求。非遗旅游场所除了为游客服务之外，也可以成为当地居民茶余饭后的休闲场所，融入社会生活，实现社会功能。做好非遗产品生活化的创造，贴近生活，融入生活，方可持续传承下来。同时，非遗和旅游的有机融合需要经历“磨合—融合—和合”的发展历程，在实现非遗的经济价值、产业价值和保持非遗项目本真性、原生态之间不断动态优化调整，最终实现两者平等互惠和可持续发展。

三、新区非遗与旅游融合的对策措施

❶ 推三化，推进非遗资源的传承保护与创新发展

要想将具有本土特色的非遗资源转化为旅游资源，首先需做好非遗的挖掘、传承、保护与创新工作。第一，推进专题化研究。开展全区域非遗资源普查调研，充分利用区域内高校师资力量聚集的优势，深入挖掘和梳理非遗资源，做好非遗专项课题研究，形成区域非遗系统性认知。第二，推进专业化保护。在深入调研的基础上，建立非遗动态保护传承机制，拟定非遗代表性项目与传承人、保护单位和传承基地的奖惩机制，组织开展新区非遗代表性项目、代表性传承人申报工作。第三，推进市场化开发。依托“文化和自然遗产日”和各传统节庆时节，广泛开展非遗展示展览、传承示范、教学体验等活动，深入开展非遗进礼堂、非遗进社区、非遗进广场、非遗进校园活动，创造一个钱塘新区的非遗品牌活动。

❷ 固三基，推进非遗旅游的基础建设和项目开发

一是以项目为基础，建设非遗展示中心。在接下来文旅融合的工作中，加快推进城北文体中心、大剧院、围垦文化博物馆、非遗展示中心等大型公共文化场馆的建设。在各类文化、非遗场馆中展示实物、文献、图片等历史实物、视听资料，全方位立体呈现钱塘新区文化发展脉络，将钱塘江板盐制作技艺、下沙大麦烧、抢潮头鱼等内涵丰富的非遗文化活态体验和展示出来。鼓励支持浙江财经大学、浙江金融职业学院、中国计量大学等高校和社会机构加快推进诺贝尔经济学奖文献馆、孙治方经济学奖文献馆、票据博物馆、量具博物馆等

文化类场馆建设。将此类文化、非遗场馆打造成新区文旅线路上独特的风景点和传承“围垦精神”的生动教材。

二是以体验为基调，展示非遗活化魅力。推进非遗项目体验基地和“非遗之旅”线路的打造。依托新区特有的文旅资源，充分挖掘围垦文化、沙地文化、知青文化等，围绕围垦遗址、蜀山遗址、南沙大堤、明清古海塘等资源，依托重点非遗活态体验传承基地，开发具有高文化辨识度的文旅产品和精品线路，将分散、小众的非遗旅游景点聚拢起来。

三是以艺术为基线，打造非遗钱塘品牌。抓好以非遗为主题和形式的精品文艺作品创作，结合传统文化和现代艺术，动员全区上下创作一批和抢潮头鱼、十碗头、杭绸织造等非遗相关，和“钱塘文化”“文旅融合”“勇立潮头”等主题相关的歌舞、书画、摄影、文学等作品。

❸ 抓三合，推动非遗旅游的产业融合发展

一是抓非遗与围垦文化的融合。串珠成线，连线成面，构建具有钱塘围垦特色的文化带，主要开发三条线路。一为下沙片区明清古海塘一条线，串联下沙大麦烧等代表性非遗项目；二为下沙片区三号大堤一号创业闸一条线；三为大江东片区南沙大堤一条线，串联蜀山遗址、东海禅寺禅修文化、头蓬老街和“箍桶技艺”“棉花手工弹制技艺”“甜酱制作技艺”“十碗头宴席”等代表性非遗项目。

二是抓非遗与工业旅游的融合。依靠企业资源优势，在工业旅游基地内拓展非遗产品和体验。钱塘新区内已培育杭州九阳欧南多小家电、杭州万事利丝绸文化、杭州味全食品、杭州娃哈哈集团、玫琳凯（中国）等九大省、市、区级工业旅游示范基地，具有一定的工业旅游基础。在整合新区工业旅游精品线路，打造工业旅游示范基地的同时，融入非遗文化，既展示现代工业旅游特色，又突出传统文化内涵；重点打造杭州万事利丝绸文化公司的杭绸织造技艺、孔凤春化妆品有限公司的孔凤春香粉制作技艺等代表性非遗旅游项目。

三是抓非遗与旅游产业的融合。依托钱塘新区区位优势，招引文化旅游项目，做好“非遗＋”“旅游＋”的文章。首先，壮大非遗旅游市场主体，融合政

工业旅游基地（娃哈哈下沙基地）

府、企业、非遗传承人、旅游机构等多方力量，推动社会资本整合非遗资源，实现优势互补、市场共享。以“非遗＋景点”“非遗＋民宿”“非遗＋研学”“非遗＋文创”等方式助推产业融合和转型升级，进一步提高非遗、旅游与相关产业的融合，从而衍生新业态，拓宽产业面，拉长产业链。其次，在尊重不同类型非遗个性的基础上，丰富非遗和旅游融合载体形式，对市场类的非遗项目进行聚集开发，打破非遗生产小、散、弱的“单打独斗”态势，形成规模化发展。充分利用非遗产品原真性、神秘性等特点，坚持特色化、活态化、情景化、时代化、亲民化的设计原则，对接不同区域、不同群体、不同文化背景的旅游人群，促进有市场竞争力的非遗旅游项目产业化、品牌化。

（作者：周洁）

“文旅新时代”西湖风景名胜区非物质文化遗产保护的新契机与新模式

——以万松书院梁祝文化传承为例

文化是旅游的灵魂，旅游是文化的重要载体。加强文化和旅游的深度结合，有助于推进文化体制改革，加快文化产业发展，促进旅游产业转型升级，满足人民群众的消费需求；有助于推动中华文化遗产的传承保护，扩大中华文化的影响，提升国家软实力，促进社会和谐发展。

而非物质文化遗产（以下简称非遗），就是广义范围中文化的有机组成部分。非物质文化遗产是人类口传心授的活态文化遗产，饱含着民族古老的生命记忆与活态的文化基因，凝聚着民族的集体智慧与情感精神。习近平总书记指出：大力弘扬中华传统文化，是中华民族伟大复兴的必要条件。中华传统文化集中体现的非物质文化遗产，其活化与传播对于促进中华文明传承创新、保持文化多样性具有重要的现实意义。

万松书院

本文试图以万松书院传承保护梁祝传说的生动实践，来说明在文旅融合背景下非遗传承保护的广阔前景。

一、关于非遗保护传承与文旅融合的几点思考

❶ 文旅融合要处理好文化和旅游的关系

文化是体，旅游为用。文化是灵魂，旅游是形式。如果打一个通俗的比方，文旅融合好比是空口袋背米。美丽的口袋（旅游这个形式和载体）固然重要，但是，口袋里的米（文化）是核心，是本质。

在文旅融合的实践中，一定要把这样的认知放在首位，切忌本末倒置，唯旅游、唯经济效益马首是瞻。

❷ 非遗作为文化重要组成部分在文旅融合中占有重要地位

从2005年国务院第一次提出要进行非物质文化遗产保护开始，尤其是2011年《中华人民共和国非物质文化遗产法》实施后，我国非遗工作发生了从运动到事业、从形式到实质、以抽象到具体的发展变化过程，在制度建设、方法与模式等方面取得了突出的成就，如今非遗的多重价值更是引起全社会各领域的共同关注与重视。加强非遗的保护传承、挖掘展示，要在文旅融合的背景下去思索，去规划，去实践。

❸ 非遗传承保护在新时代下将大有可为

文旅融合被优雅地称作"诗与远方"的结合，引发了人们无限的遐想。作为文化和旅游业的从业人员，只有从文旅融合发展的角度进行脚踏实地的思考，才能构筑美好的诗篇和迷人的远方。

在新时代背景下，非遗的发展如何借助文旅融合的新模式、新契机，去应对挑战，实现飞跃式转化和发展；站在文旅融合的新起点上，如何更好地研究和利用非遗中蕴含的丰富信息和内涵，掌握其核心价值，实现文旅事业的腾飞，如何将成千上万的各级各类非遗项目，与文化、旅游、产业三结合，是我们需要认真思索并在实践中不断回答的新课题。

二、梁祝传说与西湖旅游相融合的创新实践

美丽的世界遗产地——杭州西湖文化景观，风景如画，浓妆淡抹，四时相宜，似沃土一般孕育了多少神奇和浪漫的爱情故事，千百年来让多少人为之倾倒和陶醉。情感、情绪是人类的重要特征，爱情是人类永恒的主题。西湖柔情似水、绮丽恬静的自然风光孕育出优美动人的爱情故事。梁祝于万松书院同窗三载情谊，许仙白娘子在断桥相识，苏小小和阮郁、郁达夫与王映霞，他们在杭州相识、相知、相守，留下千古佳话。其中尤以梁祝的爱情故事最令人回味无穷，书院的高雅与纯净，爱情的甜美与凄美，一旦认定绝不轻易屈服与转移的坚贞与勇气，相守三载而不识“雌雄”的中国儒家“含蓄、守礼、内敛”的价值观，都让人为之动容和感慨，成就千古佳话。

❶ 一个国家级非遗项目——梁祝传说

梁祝传说是一则凄婉动人的爱情故事，与孟姜女、牛郎织女、白蛇传并称中国古代四大民间传说。梁祝传说，无论是其文学性、艺术性，还是思想性，都居各类民间传说之首，是中国最具影响力的口头传承艺术，也是为数不多的在全世界产生重大影响的中国古代民间传说。常有人把“梁山伯与祝英台传说”称作“东方的罗密欧与朱丽叶”，2006年梁祝传说入选第一批国家级非物质文化遗产名录。人们用丰富多彩的文艺样式来演绎这个美丽动听的故事，仅戏曲剧种就有30余种、曲艺20余种，更有上百首歌谣、几十种工艺品以及电影和电视作品。

❷ 一处梁祝爱情萌发地——万松书院

万松书院位于杭州西湖南岸幽静秀美的万松岭上，面向云居山，背依凤凰山，左襟钱江，右带西湖，院内奇石嶙峋，古藤虬结，松涛泉流，虫鸟和韵，地理位置空灵清寂、得天独厚。万松书院始建于明弘治十一年（1498），曾经以齐备的祭田祭器、完备的学规章程、丰富的藏书位居杭城四大书院之首。

梁祝传说是一个产生于民间又深受民众喜爱的爱情故事，西湖南线的万松

书院，即传说中梁山伯和祝英台同窗三载的学堂，也是美丽的爱情故事诞生地。万松书院使虚无的故事有了真实背景，而梁祝传说也赋予了书院更为深厚的文化底蕴。

③ 一种文化的解读——公园内的两条文化主线

近年来，万松书院成为西湖周边文化特色鲜明、知名度高的公园景点，在建筑布局、植物配置、室内外陈设中都巧妙地设置梁祝的文化元素。公园内有一明一暗、一实一虚两条文化主线：明为“明清知名学府”，暗为“梁祝爱情之地”，中轴线上以古代书院的布局为实景，而在右侧石林中又依自然地势巧妙点缀与梁祝传说十八相送有关的场景，如梁祝书房、观音堂、草桥亭、独木桥等等，使传说中的梁祝故事有了现实的情境依托，严谨中又不失浪漫主义色彩，让游客们在饱览书院山川秀色之余，也为梁祝凄美的爱情故事所动容。

④ 多年来的积极尝试——各类活态传承活动

（1）万松书院相亲会。

温婉美好的梁祝爱情故事成为人们心目中的追求，而相亲会作为梁祝传说的延伸和发展，自2005年6月18日首次举办以来，受到杭城及周边城市年轻男女及其父母的青睐。每周六上午，不论是刮风下雨还是酷暑难耐，都会有很多人不约而同前来寻觅良缘。

万松书院因为梁祝故事久负盛名，成了杭城规模最大的单身男女相亲圣地。自2005年起，每年平均接待十余万相亲人次，成就了很多金玉良缘，为现代人找到了各自的梁山伯和祝英台，有情人终成眷属。

（2）万松深处讲堂开。

作为书院内国学传播和交流的平台——万松讲坛，邀请到复旦大学中文系教授、浙江省中国当代文学研究会常务理事段怀清老师，做了题为“梁祝传说与万松书院”的讲座。讲座深入浅出地探讨了南方和北方关于古诗的不同情节和结局安排，梁祝传说与万松书院、凤凰山、杭州的种种联系，进一步深挖了传说的现代意义和普世价值，对民众起到了很好的宣传、教育和普及作用。

(3) 传统文化体验活动。

随着时代的发展和进步，人们的生活品质也在逐步提高，杭州市民在享有丰富物质生活的同时，对精神文化生活的需求也在逐年增大，而中国传统文化中巨大的“正能量”也愈来愈为人所重视。

在万松书院学习传统文化

2002年至2013年，万松书院一直致力于探索研究传统文化与当今社会发展现状的结合点，大力弘扬传统文化。书院是梁祝爱情的萌发地，同时也是古代学者和学童传道、授业、解惑的地方。2013年度书院推出了“入泮”国学工坊（3+1课程），获得社会各界一致好评。万松书院通过借鉴并创新古代私塾的入学启蒙仪式，即“入泮仪式”，让少年儿童，包括作为广义上“孔子弟子”的成人在接受现代教育的同时，充分感受先人留下来的传统习俗，汲取国学中尊师爱学的思想精华。

万松书院秉持着“寓教于乐，知行合一”的教育理念，以深入浅出的形式，创新古代的传统六艺（礼、乐、射、御、书、数）学习方式，以亲子互动的模式，既能在游戏中达到学习的目的，又能拉近父母与孩子之间的距离，获得一个全方位、近距离接触传统文化的平台，使传统文化的优良“基因”薪火相传。2014年，进一步推出“万松书院传统国学文化体验——经典诵读”项目，同时期还推出了万松游艺会之“奔跑吧，小书童”项目，让小学童学习古礼，体验古代游艺，体会中华传统文化的韵味。

三、梁祝传说传承发展的新契机和新模式

2019年3月，中国国家主席习近平访问意大利，在中意两国元首的见证下，杭州和维罗纳老城共同签署了《中国杭州市与意大利维罗纳市在各自被列入联合国教科文组织世界遗产地名录的遗产地进行推广、开发和共享的友好关系协议》，再次开启了两个古老文明的深层次交流之门。

杭州与维罗纳一样被称为“爱情之都”，梁山伯与祝英台在万松书院同窗共读、化蝶双飞的故事在中国家喻户晓；而维罗纳老城中罗密欧与朱丽叶的刻骨铭心的爱情故事，同样世界闻名，同样温馨浪漫。

❶ 文、产、旅三位一体，激发非遗新活力

万松书院作为西湖景区的一个蕴含梁祝文化元素的公园，恰逢中意文化交流的重大历史机遇，以梁祝爱情故事为切入点，进一步拓展梁祝传说的外延和内涵，以万松书院本体为基础进行整治提升。再度提升和完善万松书院的游览研学、参观博览、阅读藏书等古代书院的定位和功能，主打梁祝文化主题公园牌，举办入泮、尊孔祭孔、孩童游艺会等各类古代文化体验活动，达到宣传、教育、继承、发扬等社会教育作用。

2019年9月3日至6日，意大利维罗纳市长费德里科·斯博阿里纳一行12人应邀来杭访问，浙江省委常委、杭州市委书记周江勇在万松书院正谊堂会见维罗纳市长。正谊堂成为“中意文化交流中心”并举行揭牌仪式。周江勇书记在讲话中提到：希望两市携起手来，深入贯彻两国元首达成的共识，认真落实两地签订的友好关系协议，进一步深化在文化遗产保护、旅游产业交流、城市品牌宣传等领域的务实合作，为建设“一带一路”、推动中意关系迈上新台阶做出应有贡献。

正是因为梁祝的非遗传说，使得万松书院蜚声海内外，成为梁祝文化旅游的首选之地；而万松书院景区的完善提升和重新打造，又促进了国际交流、旅游互访、文化交融，使古老的非物质文化遗产，通过新颖的形式，焕发出新的生命力，更符合当代社会发展方向和方式，融入当下旅游新模式，绽放出夺

目的光彩。

❷ 推陈出新，创新沉浸式体验新模式

在意大利代表团队访问期间，杭州市委、市政府高度重视，为意大利维罗纳客人专门安排了一场丰盛的文化盛宴——《遇见梁祝》沉浸式演出。

《遇见梁祝》演出

在中华民族传统文化延续千年的发展中，爱情始终是亘古不变的主题。整场演出以梁祝爱情为叙述线索，由杭州歌剧舞剧院的实力演员们倾情演绎，以沉浸式演出体验形式为主，将万松书院极具特色、梁祝非遗活态传承形式之一的相亲活动，作为表演的开场。整个场景营造出了现代与历史的时空，随着表演内容进行空间和时间的不断转换，实现现实与历史的融合与传承的效果。无论是藏书阁（存诚阁）、双照井、草桥结拜、十八相送等景观和故事桥段，还是民族器乐、戏曲、声乐、舞蹈、吟诵、科技等艺术手段，都试图将两国历史文化中关于爱情、关于忠贞、关于宁为玉碎不为瓦全的坚贞，以艺术形象充分展现，使观众们在观演，并与剧中人物角色的情感互动中，既看到中国传统文化中的民族精神，又体验到中华民族海纳百川的胸怀。最后，放飞蝴蝶的环节，起源于梁祝的化蝶故事，千万只蝴蝶翩翩起舞，色彩绚丽，祥和喜庆，不仅是表达对美好爱情的赞颂，更是在祝福中国、意大利多彩与永恒的友谊，祝福两国人民在持续奋斗与发展中形成新的蜕变！

沉浸式体验演出《遇见梁祝》，将传统非遗情节和现代艺术完美地融合在一起，是一台高质量、高水准的实景演出。今后，主办方将探索演出的日常化、常态化。这将成为主题公园旅游创新的一种全新尝试。使游客进入公园，就能够感受浓厚的书院氛围和温馨的梁祝爱情，不自觉地融入梁祝故事和非遗文化的体验当中，从而达到旅游品质的空间提升和非遗活态传承新模式的开启！

国家级非遗梁祝传说是中华文化的瑰宝。千百年来，梁祝传说以提倡求知、崇尚爱情、歌颂生命生生不息的鲜明主题深深打动着人们的心灵，以曲折动人的情节、鲜明的人物性格、奇巧的故事结构而受到民众的广泛喜爱。

文化和旅游的深度结合，更代表着一个国家和城市的识别度，是当代大国崛起的文化自信和全球影响力的生动体现。万松书院和梁祝传说正是这样，一个为老百姓口耳相传的古代民间传说和非物质文化遗产，演绎出环境优雅的主题公园和各类丰富的活态传承形式，吸引着更多人游览、传承、保护、演绎、推广，并且非遗开始走出国门，走上世界文化交流、融合的道路，影响力大幅度提升，带给我们无限民族自信心和自豪感。

（作者：黄卓娅、陈仙君）

文旅融合，打造桐庐非遗旅游专线

一、背景

桐庐县位于浙江省西北部，地处钱塘江中游，属于唐诗西路带，县域总面积1825平方公里，人口40万，下辖14个街道、镇乡（包括1个畲族乡）。桐庐历史悠久，底蕴深厚，环境优美，生态良好，是中国最美县、全国文化先进县、中国民间艺术（剪纸）之乡和中国优秀旅游名县，是一个拥有丰富的旅游资源和文化资源的地区。

近年来，桐庐县非遗工作在省文化厅和杭州市文广新局的大力指导帮助下取得了扎实成效，特别是2012年浙江省美丽乡村建设非遗保护现场推进会在桐庐召开之后，桐庐县着力推进非遗保护与美丽乡村建设有机融合工作，非遗在助力全国文明城市创建、助力全国全域旅游示范县建设、助力乡村振兴和产业发展等方面都发挥了重要作用。

二、非遗旅游专线打造基础

❶ 丰富的非遗资源

按照文化部、省文化厅的统一部署，2008年桐庐县完成了首次非物质文化遗产大普查，获得20517条普查线索，实地调查2298项非遗事项，摸清了县域内非遗资源的种类、数量、分布状况、生存环境、保护现状等，同时建立了非物质文化遗产资源档案，积极开展对普查成果的整理、研究、出版和利用工作，将普查成果资源数字化，建立了非物质文化遗产资源数据库，以乡镇为单位，出版关于非遗调查情况的书12本。

目前，桐庐县已构建国家、省、市、县四级非遗代表性项目名录体系，共有县级以上非遗保护名录项目121个，其中国家级项目1个（桐庐剪纸），省级项目12个，市级项目29个。同时还将非遗保护向下延伸，2016年桐庐县在富春江镇、百江镇实施镇级非遗名录试点工作，50余个非遗项目列入镇级非遗名录。

丰富的非遗资源，让非遗旅游成为可能。

❷ 非遗旅游街区的成功创建

近年来，桐庐乡村旅游、民宿发展迅猛，特别是全国性的“一会一论坛”的举办，让美丽桐庐、美丽乡村对外的影响力和美誉度大幅提升。为了进一步挖掘非物质文化遗产的创造力，提升美丽乡村的文化内涵，促进农民增收与成果共享研究，2016年桐庐县推出了“乡村创造力——桐庐县美丽乡村非遗保护发展行动计划”。

此项计划的总体目标是：通过实施，巩固、深化桐庐的全域旅游、美丽乡村建设成果，城乡联动，加大对美丽乡村非遗保护工作的建设力度，将民间文化、传统手工技艺等非遗项目融入美丽乡村、全域旅游中，建立健全长效管理机制，充分挖掘、展示和传承乡村文化“活”的灵魂，提升美丽乡村文化内涵。

“乡村创造力——桐庐县美丽乡村非遗保护发展行动计划”通过非遗特色点位培育提升、特色项目招引扶持，打造出一批非遗文化街区。目前，已建成合村乡昭德水街、荻浦非遗民俗街、石舍非遗民俗街“一乡两村”的非遗特色文化街区，凤川翙岗古民俗街、钟山石雕街区、莪山畲族文化街等正在积极打造当中。桐庐实现了非遗保护与乡村旅游发展相结合，非遗街区成为乡村旅游的新亮点；实现了非遗保护与文化特色相结合，同时也为非遗旅游专线的开通奠定了基础。

荻浦非遗民俗街区：荻浦村在美丽乡村建设非遗保护中因村制宜，实施了“古生态整治提升、古建筑修缮利用、古文化挖掘传承、古村落产业经营”四大工程，着力打造古风荻浦，在百年古戏台开展传统戏曲表演，建设剪纸艺术馆、开设村级非遗图书馆、挖掘传统小吃等，成为省美丽乡村建设示范村、精品村。以荻浦村为主要景点村落的桐庐江南古村落景区被评为国家4A景区和浙江省非遗旅游民俗村。2016年游客达到150余万人次。

桐庐县西北山区的合村乡：围绕民间文化当地绣花鞋的特色，着力打造浙江省非遗旅游主题小镇，投资5000万元建设非遗民俗文化街，呈现当地绣花鞋铺、铁匠铺、篾匠铺、木匠铺、雕刻铺、传统小吃铺、民间文化艺术馆等非遗项目，成为乡村非遗旅游的亮点，被评为国家3A景区和浙江省非遗旅游主题小镇。

富春江镇石舍村的慢生活非遗街区：将非遗项目融入该村的民宿，已建成红茶馆、石绘馆、古民居陈列馆、传统小吃馆、国学馆等非遗项目11个点，成为桐庐乡村高端的文化民宿经济。

③ 非遗主题展示体验馆迅猛发展

为了更好地弘扬、传承非遗，留住乡愁，桐庐县注重抓好非遗场馆建设，借助社会力量，突出以点带面，力求小中见大，形成具有乡村风情特色的非遗场馆。至目前，桐庐县先后已建有十几个非遗馆（展示室），主要有桐庐民间剪纸艺术馆、胡家芝剪纸艺术馆、宋胜林剪纸艺术馆、翙岗廉政剪纸艺术馆、桐庐翙岗木刻馆、桐君中药文化非遗馆、畲乡民俗馆、钟山石雕艺术馆、江南非遗陈列馆等。再如，合村乡投资1500万元，建造了总面积达2500平方米、以民间绣花鞋为主题的民间文化艺术馆。此外，全县有60余个行政村在文化礼堂内建成了非遗展示室（厅）。这些场馆都是一些活态的展馆，有传承人在开展传习，同时又是对外的体验馆。非遗场馆的建立，充分展示了乡村非遗魅力。非遗场馆也成为我县非遗旅游专线的一个重要景点。

❹ 文旅融合，综合非遗馆的成功打造

在充分利用乡村非遗资源，打造非遗旅游景点的同时，为了留住城市记忆，在县委、县政府的关心支持下，2018年桐庐县旅投公司和桐庐县文广旅体局合作，依托桐庐东门码头（20世纪80年代前桐庐东门头是桐庐县城最繁华、最热闹的地方，有轮船码头、旅馆、饭店、冷饮店、茶店、布店、药店、小学等。90年代后，随着富春江一桥、二桥的开通，桐庐县城中心以江南为中心，东门头慢慢冷落下来），建立游客接待中心和桐庐非遗馆。于2018年3月启动建设，从规划设计到专家论证，从装修布展到正式开馆，历时1年，于2019年元宵节启用。

桐庐非遗馆、东门码头游客接待中心，是桐庐县第一个游客接待中心融合非遗文化的展览馆，诠释了文化和旅游的完美融合。非遗馆室内面积约835平方米，室外3000平方米，投资2500万元。

第一层是以"城市记忆"为主题的游客接待中心，第二层是以"桐庐非遗文化"为主题的非遗文化展览馆，集中展示我县国家级非遗桐庐剪纸、省级非遗项目桐君中药文化、合村绣花鞋技艺、钟山石雕等12个非遗项目。第三层是以"诗乡画城"为主题的展示展演培训馆。从开馆之日起全天候对外免费开放。

桐庐非遗馆的建成开放，极大地带动桐庐江北区块旅游发展，成为传承和保护非遗文化的重要平台，成为丰富群众文化生活，展示城市文化，弘扬和交流中华民族优秀传统文化的重要窗口，也成为桐庐县新时代文明实践点。

依托非遗馆资源，充分利用非遗馆平台，桐庐积极为非遗传承人搭建平台，建立了剪纸、绣花鞋、石雕、传统医药等13支65人的非遗志愿者服务队；结合旅游开展非遗展示体验活动，展现非遗独特魅力，实现"见人见物见生活"，努力打造成为桐庐留住乡愁的窗口；也使桐庐非遗产品得到宣传，拓宽了非遗产品的销售渠道。

自开馆来，每个周末都组织剪纸、绣花鞋、石雕、传统医药等非遗项目传承人来馆里开展辅导体验活动，还组织剪纸、绣花鞋、草编等非遗项目传承人及越剧演员到游船上开展非遗展示展演活动，并形成常态化。

桐庐非遗馆

同时桐庐还在非遗馆里开设“非遗研学课堂”。邀请非遗代表性传承人、工艺老艺人、学者讲课，组织市民及青少年参加新时代思想道德教育培训、非遗技艺传习等，使全社会了解非遗、感悟非遗、传承传统文化。

自开馆来，充分利用非遗馆资源，举办了“听老爷爷讲东门头故事”、少先队队日活动、桐君中药文化传承发展讲座、东门头文化研讨会等活动。杭州商学院、桐庐中医院、桐庐益康医院等部门还每月到非遗馆开展国学、中医保健等宣传讲座，受到市民和游客的好评。

开馆3个多月来，接待参观游客近2万人次，县城内幼儿园、中小学纷纷组织学生来非遗馆参观学习，非遗馆成为一个研学的重要基地。另外接待县外考察团20余个，成为桐庐对外宣传的窗口。

桐庐非遗馆举办的元宵文化活动

三、水上非遗旅游精品线路的打造

如何将桐庐县丰富的非遗旅游资源进行串联，形成“非遗专题”旅游，桐庐县又开始对开辟非遗旅游线路进行了探索。

“非遗旅游线”是以非遗项目为核心，以旅游线路为依托，以非遗传习所、非遗体验区和体验基地等为载体，通过产品设计、线路策划，推进非遗元素与旅游线路融合，与知名景区融合，与旅游服务融合，与旅游体验融合。打造非遗旅游精品线路旨在促进非遗项目与旅游线路和景区景点融合，推动非遗保护设施与旅游服务融合，并提升非遗技艺传承与旅游互动体验的融合水平。

为了打造非遗旅游专线，桐庐县邀请了省市的领导、非遗专家、旅游专家、旅行社负责人、研学机构人员、非遗传承人等反复召开研讨会，最后决定从具有深厚文化底蕴的富春江出发，根据已有的百里富春江实景游，开辟“唐诗西路”富春江非遗旅游精品专线：乘坐富春江游轮，沿着唐诗西路，走进富春山居图实景地，体验感受非遗文化，开展非遗研学旅行活动。这是一条集非遗展示、展演，非遗文化体验等为一体的非遗旅游专线，是具有非遗研学、非遗体验等多种功能的线路。

召开富春江非遗旅游专线研讨会

整条非遗旅游精品线路从杭州滨江奥体中心码头开始，游客乘坐富春江1号游轮，畅游富春江，至桐庐东门码头（乘船时间约4小时），感受元代画家黄公望笔下的《富春山居图》实景。

在游览的4个小时里，工作人员会根据航线所在的位子，介绍不同的非遗文化。在游船上，不仅有越剧、民间故事的表演，还能吟富春江诗、看魔术等，同时还有剪纸、绣花鞋、石雕、木雕、草编等非遗体验项目，人们在游船上就可以完成自己的非遗作品，还设置了非遗的“研学课堂”，邀非遗志愿者讲述富春江人文，还有很多非遗的小吃可以品尝。可以说，整艘游船就是一个非遗专列号，既有非遗展演，又有非遗体验，更有非遗展销，还有非遗的研学。

游船到达桐庐非遗旅游码头后，就来到了桐庐非遗馆、东门码头游客接待中心，在这里游客可以寻找到桐庐的“城市记忆”，了解到桐庐剪纸、桐君中药文化、合村绣花鞋技艺、钟山石雕等桐庐非遗文化。

体验非遗项目

了解完桐庐的非遗文化，游客可赴各非遗街区、景点参观，体验，这次我们打造的“唐诗西路”富春江非遗旅游精品专线的第一试点就是去非遗民俗村——翙岗古村参观体验。翙岗也是一个非遗古街区，在那里，游客可以参观翙岗的村史馆、廉政剪纸馆、桐庐木刻馆等非遗主题展馆，同时还可以体验打麻糍、做米果、包粽子等传统活动，特别适合亲子游等。最后乘大巴返回杭州，结束愉快行程！2019年7月底，桐庐县水上非遗研学数字旅游专线正式开通，一经开通，就受到小朋友和家长的青睐，非遗研学体验游订单不断。由省文化和旅游厅主办的“少儿非遗说”浙江省非遗故事大赛的获奖选手也来桐庐体验了水上非遗专线，腾讯等多家网络媒体也组织相关家庭来体验非遗专线。

四、非遗旅游产品的开发

非遗旅游，除了非遗景点，更少不了非遗的旅游产品。如何抓住文旅融合的契机，加快非遗产业的发展，实现非遗文化的创造性转化和创新性发展是新时期桐庐县非遗保护工作的一个重要任务。根据前期的调研，当前桐庐县非遗产品在销售中存在销售平台少、包装不精、综合产品少等诸多短板，为补齐非遗产品开发销售的短板，在杭州市非遗中心的大力支持下，桐庐请来非遗专家，邀请了非遗销售的数字平台——阿里巴巴拿巴网相关负责人，召开2019桐庐县非遗产品包装设计暨销售平台对接培训会。30多位非遗传承人、艺人参加会议。此次培训一方面拓宽了非遗产品的销售渠道，会上近50个非遗产品与阿里巴巴拿巴网平台达成了销售意向，另一方面转变了传承人的产品创作和设计的理念，实现了非遗产品与旅游、与生活的结合。

同时，桐庐还引进阿里巴巴拿巴网非遗文化消费柜，自动销售桐庐县非遗旅游产品。当前桐庐正在积极地开发桐庐非遗旅游大礼包。这些非遗旅游产品都将在非遗旅游专线上展示、销售，从而使非遗旅游专线产品更加丰富，也实实在在地将非遗的文化资源，转化为传承人的经济收入，提升非遗传承人的获得感。

非遗是民族的文化印记，是人们生活方式的展现。桐庐县开展非遗旅游精品专线的打造，是引导人们对桐庐本土的非遗进行深度体验，意在围绕桐庐县代表性非遗项目，整合项目所在地的旅游资源，联合非遗传承人和传承基地、旅行社、自媒体等多方力量，开辟出一系列具有本土特色的非遗主题旅游路线，串联起非遗小镇、景区、博物馆、展览馆、手工艺体验等创意丰富的环节。让参与者认识非遗的同时，亦能感受非遗背后的地方历史文化、风土人情民俗，更为生动立体地去体验非遗魅力，将非遗与旅游更深入地融合，相信非遗一定可以成为旅游的热门产品，非遗旅游的发展必将使我们的非遗更好地活在当下。

（作者：沈红霞）

建德新时代非遗与旅游融合发展工作思路

随着文化与旅游的不断融合，非遗与旅游的“牵手”水到渠成。吃严州府菜肴，喝严东关五加皮酒，住严州古城，看九姓渔民婚俗表演，听新叶昆曲……这是一位旅游爱好者总结的“建德旅游地图”，“非遗游”将逐渐成为一种新时尚。建德拥有丰富的非遗资源，对其合理的开发利用，既是保护遗产、发挥遗产价值的需要，也是丰富乡村旅游、满足市场多元化的需要。

一、实施“非遗文化＋乡村旅游”工程，增强经济发展活力

近年来，建德市围绕“九姓渔民婚俗”的文化内涵，依托市场化运作，打造出水上版和舞台版“九姓渔民水上婚礼”“九姓渔民祭江仪式”“九姓渔民特色鼓表演”“九姓渔火”“提线木偶”等人文旅游精品项目，初步形成以九姓文化为中心的文创产业雏形；进一步挖掘“九姓渔民”婚俗文化，“九姓渔民水上婚礼”被原汁原味地保留，每周日及法定节假日上午十点半都可以欣赏到别有风味的省级非遗代表性项目。据统计，2018年“九姓渔民水上婚俗”共展演120余场，接待25万人次，带动旅游发展，为乡村旅游增强经济发展活力。在此基础上，下一步，建德市将在游客较为聚集的梅城镇与大慈岩镇，推出严州

民俗活动——李村抬阁

虾灯、李村抬阁常态化展演，把民俗文化有机植入乡村旅游，融入经济发展。省级非遗代表性项目严州虾灯，近年来，已多次邀请省市专家对舞美、道具、服装等进行全面提升，观赏性较强。目前有两个演出版本，演出时间5分钟，考虑到演出时间较短，内容比较单一。建议与其他地方特色的节目同台演出或将非遗绝技绝活现场展示与严州虾灯展演融为一体，丰富活动内容和载体。省级非遗代表性项目李村抬阁项目较为原生态，未经省市专家的提升。演员以本地村民及小孩为主，一台抬阁需要12—15人。在考虑活动安全的基础上，可以让游客参与互动体验。下一步，建德将邀请省市专家进行指导，集思广益，明确活动主体、运行机制的制定、项目指导提升、旅游线路的安排、经费的保障等方面的具体工作。

二、实施“非遗走亲＋文化旅游”工程，擦亮文旅交流名片

精心策划排演，通过“非遗走亲”方式开展文旅交流，推动文化项目活化提升。建德非遗拥有“走出去”的比较优势和资源基础，适宜对外展示和宣传。如建德婺剧较具代表性，近几年多次赴约旦、韩国、新加坡、欧洲等地演出，通过“非遗走亲”方式开展对外交流演出，推动文化项目活化提升；同时，连年举办戏剧周活动，邀请省内各大剧团参加交流演出，成为建德文化的金名片。

新叶三月三迎神队伍

严州虾灯

建德旅游奖励大会上非遗项目闪亮登场

三、实施“民俗文化＋节庆赛事”工程，打造地方文旅品牌

通过举办二月二、三月三等多层次和多形式的群体性节庆赛事，将优秀民俗项目进行集中展演，努力打响地方文化品牌；鼓励支持传统节日生发地开展常态化民俗文化活动，组建民俗文化团队，定期举办群众性民俗节日活动，推动优秀民俗文化的传承传播，吸引更多的游客和摄影爱好者，让民俗节庆项目更好地为旅游服务。

“九姓渔民”婚俗

严东关五加皮酿酒技艺项目参加第十五届中华老字号精品博览会

四、实施“非遗资源＋旅游产品”工程，激发地方旅游动机

非遗产品最具风情，最具诱惑，因而成为激发旅游动机和诉求的重要元素。建德将通过举办非遗美食节、非遗年货节、非遗技艺展、非遗伴手礼大赛、非遗展品进景区等活动，推动建德旅游的大发展。

（作者：朱建霞）

淳安县文旅融合新探索

淳安县文化和广电旅游体育局于2019年1月17日正式挂牌，由原县文化广电新闻出版局、县千岛湖风景旅游委员会、县体育局三局合并而成，至此正式拉开文旅融合的序幕。

随着淳安县文化和广电旅游体育局的成立，文旅融合进一步加深，淳安县在发展全域旅游的基础上，突出重点，陆续推出新安书屋、文化研学等项目，启动家庭博物馆建设、亚运场馆建设等项目，并赴香港、宁波等地举办旅游推介会，进一步提高淳安知名度，扩大客源。1—6月，全县接待国内外游客852.85万人次，实现旅游经济总收入76.45亿元，同比分别增长15.9%和16.3%。全县接待乡村旅游游客581.1万人次，乡村旅游收入6.14亿元，同比分别增长12.9%和14.9%。成功创建浙江省首批全域旅游示范县。

非遗项目参展

淳安县拥有丰富的旅游资源，是浙江省的旅游大县，建县至今已有1800余年历史。尽管2座古县城49个乡镇1377个自然村已经淹没在水下，但仍留下了宝贵的物质文化遗产和非物质文化遗产。目前淳安县共有不可移动文物3206处，其中古遗址26处，古墓葬330处，古建筑2245处，石窟寺及石刻11处；非物质文化遗产代表性项目93项，其中国家级非物质文化遗产代表性项目2项，省级非物质文化遗产代表性项目10项，市级非物质文化遗产代表性项目37项，县级非物质文化遗产代表性项目93项。如何利用好这些文化资源，营造全新的旅游体验成为当前淳安县面临的课题。

为加快文旅融合，挖掘城市旅游底蕴，提升旅游体验，淳安县先后进行了一些探索和实践，着力提升“吃住行游购娱”品质，并取得一定成效。现将探索实践结果总结如下：

一、文化遗产抢救性保护

近年来，淳安县进一步加强对物质文化遗产的保护。每年根据乡镇自主申报，文保所实地查看并结合前期调研工作，制订年度农村历史建筑修缮计划，预排资金，把亟待抢救保护的历史建筑优先纳入每年修缮范围。2019年，还对县级文保单位——瀛山书院遗址进行复原，修复大观亭，复建书院、得源亭、半亩方塘等原有建筑及景观。同时，根据历史文献，在山下恢复重建部分宋代古迹，如传桂堂、虚舟斋、魁星堂等。下一步，将以瀛山书院为中心向周边辐射，打造旅游景点，促进当地乡村旅游资源的融合发展。同时，淳安县对非物质文化遗产，尤其是当下式微的部分传统技艺类非物质文化遗产代表性项目进行扶持；鼓励当地建立专题的非遗展示馆，并给予一定的补助；邀请相关项目的传承人参与各种节庆活动，扩大项目影响力和知名度；此外，还在全县中小学校中开展非遗进校园活动，邀请传承人进学校授课、讲学等，并在条件符合的学校挂牌非遗教学传承基地，由县文广旅体局每年对相关学校进行考核。同时，今年还计划出版《淳安传统手工技艺卷》，与前几年出版的《淳安民间文学卷》《淳安民俗卷》《淳安传统舞蹈卷》和《淳安传统美食卷》等几本书形成系列，充实各类非遗项目文本及图片资料。

瀛山书院

二、文化品位进一步提升

随着游客对旅游品质要求的逐步提高，原有的旅游产品已经无法满足游客的旅游需求。淳安县对现有旅游产品进行提升，并注重实现主客共享。在原有县图书馆的基础上建设西园广场、秀水广场，市民和游客可就近凭市民卡进入新安书屋借阅图书，提升城市文化氛围；为酒店、民宿、行政服务中心等一些人流量大及游客多的场地提供免费书籍配送服务，并定期进行书籍更换，让市民或游客可以利用碎片化时间进行阅读。在水之灵剧场等演艺场地静态展示非物质文化代表性项目产品；同时，还在民宿、酒店等场所开展非遗演出，让游客近距离接触原汁原味的淳安非物质文化遗产代表性项目，更深入了解淳安文化，提升旅游个性化体验。

三、文化阵地逐步拓宽

为抓住文旅融合契机，提升游客旅游体验，2019年以来，县文化和广电旅游体育局除实施非遗进酒店、非遗进民宿、非遗进景区、非遗进校园、非遗进社区等一些常规活动外，还举办酒店技能竞赛等一些活动，并出台了奖励政策，鼓励行业比优争先，社会反响较好。在餐饮一条街开设了非遗主题餐厅，淳安县两项国家级非遗项目三角戏和淳安竹马在餐厅内开展常态化演出。通过申报及评审认定，还公布了32名第一至第五批县级非遗项目代表性传承人和3所非遗教学传承基地。下半年，计划开展非遗代表性项目传承人申报。同时，还邀请专家谋划非遗产品开发设计，推进活态传承发展。此外通过举办旅游美文征文、“5·18”国际博物馆日系列活动、文化和自然遗产日活动等文化活动，挖掘千岛湖旅游的文化底蕴，吸引了大批游客。“5·18”国际博物馆日单日参观者超过2000人次，文化和自然遗产日活动吸引游客达5.6万人次，皆超过去年同期活动参加人数。淳安县还抓住老街新开机遇，推出系列主打“文化牌”的旅游点。以骑龙巷开街为契机，整合秀水街、啤酒小镇、博物馆、水之灵等旅游点，策划实施城市旅游主题周活动。同时，实施瀛山书院遗址保护工程，现已完成进度90%；开展红色革命文物资源普查，32处红色革命文物点被纳入其中。淳安县被中宣部、文旅部、国家文物局等部委确定为革命文物保护利用片区。

四、硬件设施稳步提升

开通高铁接驳车

淳安县是杭州市内最偏远的县，尽管旅游资源丰富但受交通因素限制较大。近年来，淳安县大力发展交通建设，打通淳安与周边城市、地区的交通路线，缩短行车时间，打造沿途景观，为全域景区建设营造良好环境。先后建成环湖骑行绿道、千岛湖高铁站，拆除国道上的千岛湖收费站，目前正在建设的千黄高速，串联起千岛湖、杭州、黄山三地旅游资源，形成“旅游金三角”。除了交通大“动脉”

建设，还注重交通“毛细血管”等的建设，升级美化了白小线（建德至淳安）的绿化，改造拓宽枫常线（淳安至衢州），为短途“周边游”提供交通便利，大大提高出行效率，提升了骑行的体验舒适度。开通高铁站至景区、酒店、汽车站的接驳车，实现高铁旅游交通无缝衔接。此外，淳安县利用城区、湖区、山区“三区一体”的区位优势，着眼各个乡镇，解决乡村旅游的住宿问题。推进民宿产业提升及个性化发展，鼓励村民利用自建房发展民宿，引进各个档次的民宿，其中不乏西坡、云里雾里等精品民宿，并逐步形成民宿产业体系，为乡村游发展助力。

五、文化旅游软服务全面升级

为全面提升全县的文旅融合服务水准，县文化和广电旅游体育局从内部和外部两方面着手，积极开展“大学习、大调研、大融合、大发展”活动，重点围绕文化、广电、旅游、体育相关政策法规进行学习，并在实际工作中开展交叉联学。围绕文旅体融合、休闲产业、冬季产品、夜经济、研学五个方面，对县文化旅游体育产业开展调研分析并形成调研报告；联合县人社局、县总工会针对服务行业举办了宾馆饭店客房服务技能竞赛；对景区景点、旅游交通、住宿设施开展节假日安全隐患排查，监督各经营单位节前开展自查自纠，并在节假日加强日常巡查，消除各类隐患和不安全因素，保障旅游高峰期的服务品质。

六、营销策略主动出击

淳安县除提升旅游产品外，还鼓励对外营销，主动出击招引游客。早在2019年3月就出台《2019淳安县全域旅游营销奖励策略》（淳文广旅体发〔2019〕7号），鼓励县内旅行社开设分社，招徕游客超过2000人以上的，根据淡旺季给予相关奖励；鼓励旅行社参加省、市、县文旅体主管部门组织的各类市场促销活动，并根据参加地域分别给予奖励，最高2万元每家；鼓励旅游企业参加旅交会及展销会，奖励展台所需费用的50%，年度累计最高奖2万元每家；鼓励利用年轻人易接受的新媒体进行营销，对于原创抖音短视频推送给“千岛湖旅游”官方抖音号的企业或个人，根据质量和影响力确定具体奖励金额。上半年，淳安县还组织召开了乡村旅游市场对接会，共有16个乡镇向县内旅游企业推介乡村旅游资源。县文化和广电旅游体育局还积极协助临岐、左口、姜家、枫树岭等乡镇开展旅游市场推广活动。

七、开发保护双管齐下

淳安县坚持“不搞大开发，共抓大保护”，以争当全国践行“两山”理论标杆县为目标，在生态优先的基础上发展旅游业。面对当前保护升级、消费升级、供给升级的新形势，减少湖面项目开发，深化深绿产业发展，开展沿湖沿线整治，关停、整治了一批水上项目。目前，洲际、逐浪者、天池岛、大千古街、宋家渔村5个“关停并拆除”类水上项目全部完成整治；推进石林镇、界首乡运动休闲小镇项目建设，并引入国际毅行大会、铁人三项、斯柯达自行车系列赛、公开水域游泳赛等知名赛事以带动旅游产业发展；积极发展下姜、中洲等地的红色游项目，挖掘姜家、界首、左口、临岐等乡镇的四季采摘游项目，并在“淳安发布”“千岛湖文旅体发布”等官方公众号推送采摘游具体地点及路线。

八、专项资金配备充足

县财政对淳安县文化和旅游工作给予大力支持，近年来每年配备100万元专项资金用于非遗传承保护工作的开展，800万元专项资金用于农村历史建筑修缮，2019年，安排5400余万元专项资金用于旅游产业发展。根据年初计划安排，目前，已经开展非遗进景区、非遗进民宿、非遗进酒店、文化和自然遗产日活动、非遗从业人员培训、非遗项目外出交流参展、八都麻绣技能大赛、农村历史建筑修缮、客房服务技能大赛、文化旅游市场专项整治、旅游推介会、景区门禁系统升级等活动及项目，下半年还将推出系列文化旅游活动，提升淳安县整体文化旅游水准。

九、发展探索

尽管淳安县是一个旅游大县，但随着文旅融合的进一步加深，也面临着新的问题和挑战。

❶ 非遗项目产品需要形成产业

淳安县现有非物质文化遗产代表性项目93项，其中，保护单位为企业的仅15项，且大部分是县级非物质文化遗产代表性项目，企业本身较为弱小或仍处在初级发展阶段。2019年以来，通过杭州市非遗专家“把脉问诊”，已经根据各项目的十几个问题，对部分非遗项目产品进行包装重新设计、卖点重新提炼，并联合阿里巴巴等网络平台为非遗产品提供销售渠道。但现有非遗产品，尤其是八都麻绣、里商仁灯等一些手工技艺类非遗产品仍停留在原始的手工制作阶段，非遗传承人没有精力和能力进行工业化转换，仅依靠手工制作，产能相对较低，价格偏高，导致受众群体小，作为旅游产品的可能性低。同时，因为缺乏文创，包装及纹样等停留在过去，对现下的年轻人缺乏吸引力，不能引起消费者的消费冲动。

❷ 非遗演出作为文旅名片输出

淳安县现有国家级非物质文化遗产代表性项目2项，分别为淳安竹马和三角戏，淳安县睦剧团、业余睦剧团和民间竹马队开展常态化演出。其他各级适宜演出的传统舞蹈类、传统音乐类及传统戏剧类的项目有38项，其中有代表性传承人的项目仅11项，且传承人年纪普遍偏大，受身体等各方面因素限制，组织演出的可行性不大。此外，淳安县各村的年轻人外出务工，一些项目出现传承断档，没有中年传承人，这也在一定程度上导致演出难以组织。还有部分项目如汾口草龙、瑶山秋千等的演出道具巨大笨重，不利于搬运，受场地和人员限制，也仅在当地的节庆活动时进行展示。

❸ 非物质文化遗产应转变为旅游产品

淳安县目前拥有各级文物保护单位43处，其中省级8处。除日常保养维护外，还定期组织县文物监察大队及文保所开展日常检查，确保文保单位的安全。但总体而言，文保单位的活化利用还不是很理想，一方面是顾忌文保单位对外开放后，如管理不到位会遭受不同程度的破坏，另一方面主要是各级文保单位较为分散，很难形成集中成片效应，利用文保单位作为旅游景点开发的案例在淳安县还没有。现有的这部分文保单位都还是仅仅停留在保护层面，未进行开发产生文化效益和经济效益，既不能满足当地群众对文保单位内在文化进一步了解的需求，也不能满足游客对淳安人文深入了解的需求。

❹ 乡村游需要成规模发展

近年来，越来越多的游客选择乡村游来放松心情。淳安县集山区、边区、湖区为一体，拥有良好的生态环境及区位优势，更是一类水源保护地。但原生态的环境并不能满足游客吃、住、行、游、购、娱的需求，目前的民宿在一定程度上解决了游客的吃、住问题，但游、购、娱的需求仍得不到满足。从2018年开始，县非遗中心每年配送10场非遗演出进民宿，但对全县的民宿来说，数量少、时间短，仍不能满足游客需求。且民宿体量较小，价格相对较高，难以容纳更多的游客。此外，乡村游多没有直达县城的公交或旅游巴士，游客出行只能自驾，也阻挡了部分没有开车的游客前往。

❺ 旅游市场监管应当全面覆盖

淳安县旅游资源分散，地域广，除城市旅游外，还有乡村旅游，最远的乡镇距离县城达80余公里。文旅融合以后，执法内容也从原来的一项扩展到文化、旅游、体育三项内容，淳安县文广旅体局执法大队现有在编在岗人员21人，针对城区及全县23个乡镇进行执法，人员有限。淳安县面对“三黑一野”、虚假广告、价格欺诈、欺客宰客、低价恶性竞争等屡禁不止的问题，难以全面监管；除了对日常巡查发现的问题及时要求整改，还有部分问题得等到游客投诉才能发现并解决，影响淳安县的旅游美誉度。

（作者：余娇艳）